in relation

Konzeptionelle und praktische Erwägungen zur Entwicklungsarbeit mit Organisationen

Martin Thiele, Michael Korpiun, Cornelia Jenke
(Herausgebende)

In Relation Publications | No. 3

Impressum

Texte:	© Copyright by Dr. Michael Korpiun, Martin Thiele
Umschlag:	© Copyright by Dr. Michael Korpiun, Martin Thiele
Verlag:	Books on Demand GmbH

In den Tarpen 42
22848 Hamburg

www.bod.de

Herstellung & Verlag: BoD- Books on Demand, Norderstedt

ISBN 9-783748-182955

Printed in Germany

Bibliografische Information der Deutschen Nationalbibliothek

Die Deutsche Nationalbibliothek verzeichnet diese Publikation in der Deutschen Nationalbibliografie; detaillierte bibliografische Daten sind im Internet über http://dnb.d-nb.de abrufbar.

Überblick

Inhaltsverzeichnis

Entwicklungsarbeit mit
Organisationen

01

Vorwort

Vorwort

Der vorliegende Herausgeberband versammelt sechs Artikel mit konzeptionellen und praktischen Erwägungen zur Entwicklung von Organisationen. Sie sind entstanden aus dem Spannungsfeld von Theorie und Praxis der beziehungsorientierten Organisationsberatung und Akademie In Stability in Hannover. Die Inhalte wenden sich an Organisationsberatende und Coaches, Personal- und Organisationsentwickelnde ebenso wie Führungskräfte und Mitarbeitende aus Organisationen. Die Autoren Martin Thiele, Dr. Michael Korpiun und die Autorin Cornelia Jenke sind immer wieder auf der Spurensuche danach, was Menschen in Organisationen oder solchen, die sie begleiten und beraten, helfen kann, wirksamer zu sein.

Im ersten Artikel stellen der Autor und die Autorin eine modellhafte Architektur von Veränderungsprozessen vor. Sie kann als Orientierungsrahmen dienen, um die Planung von Interventionen zu orchestrieren, die Bausteine eines Veränderungsprozesses zu strukturieren und den Prozess der Veränderung selbst zu steuern.

Darauf aufbauend wird im zweiten Artikel ein Modell vorgestellt, dass vier Ebenen organisationaler Veränderungs- und Entwicklungsprozesse in einen Zusammenhang stellt. Viele klassische Entwicklungsansätze von Organisationen fokussieren primär die Aufbau- und Ablauforganisation. Der hier beschriebene Ansatz stellt Haltungen und Einstellungen der Mitglieder von Organisationen in den Mittelpunkt. Sie sind die Grundlage für das Verhalten von Führungskräften und Mitarbeitenden und damit die kulturelle Prägung, die sich in entsprechenden Strukturen niederschlägt und damit die Sinndimension der Organisation unterstützt.

Die Artikel drei und vier widmen sich Leitbildern. Zunächst stellen die Autoren im dritten Artikel ein Leitbildmodell zur praktischen Anwendung in Workshops vor. Analog der Segelschiff-Metapher wird mit dem Bild eines Hauses eine hilfreiche Metapher vorgestellt, welche die typischen Elemente eines Leitbildes in einen Zusammenhang stellt. Auf diese Weise werden Mission, Vision, Strategie, Werte, Kultur und Sinn so miteinander verknüpft, dass sie für Führungskräfte und Mitarbeitende von Organisationen als Orientierung dienen können.

Daran anknüpfend stehen im vierten Artikel die Orientierungs- und Motivationsfunktion organisationaler Leitbilder im Blickpunkt. Zum einen stellen die Autoren und die Autorin das Leitbildmodell in den Zusammenhang mit den transaktionsanalytischen Gruppenarten aus der Gruppentheorie von Eric Berne. Zum anderen wird deutlich gemacht, in welcher Weise Leitbilder die Identität von Organisationen unterstützen sowie für Effektivität und Stabilität in der Entwicklung sorgen können.

Artikel fünf stellt eine Erweiterung und praktische Anwendung des Modells der Gruppenkräfte und Gruppenarten von Eric Berne dar. Der Ansatz kann Organisationen helfen, um intuitiv und zugleich fundiert zu einer einheitlichen Selbsteinschätzung ihrer Lage zu gelangen. Auf dieser Basis lassen sich die Energien, die zur Veränderung erforderlich sind, sinnvoll fokussieren.

Der abschließende sechste Artikel widmet sich schließlich qualitativen Interviews als hochwirksame Intervention in organisationalen Veränderungs- und Entwicklungsprozessen. Vorgestellt wird ein beziehungsorientiertes Verständnis von Interviews, das sich an den Grundlagen des Dialogs orientiert. Der Autor und die Autorin stellen außerdem einen Bezug her zum transaktionsanalytischen Modell der sogenannten „3 P", das Aspekte von Schutz, Erlaubnis und Potenz miteinander verbindet.

Der vorliegende Band ist aus der konzeptionellen Reflexion praktischer Erfahrungen erwachsen. In gleicher Weise wünschen wir allen interessierten Lesenden einerseits neue inhaltliche Perspektiven und Einsichten und anderseits Inspiration für die eigene praktische Arbeit in und mit Organisationen.

Hannover, im August 2019

Dr. Michael Korpiun

Entwicklungsarbeit mit
Organisationen

02

Martin Thiele, *Cornelia Jenke*
Die Architektur von
Veränderungsprozessen

Die Architektur von Veränderungsprozessen

Martin Thiele, Cornelia Jenke

Zusammenfassung

In der Regel finden sich in Prozessbeschreibungen für organisationale Veränderungsprozesse aufeinander aufbauend ein Urzustand, eine Dynamisierung und ein Endzustand. Der Bereich der Dynamisierung orientiert sich in der Regel an der gegenwärtigen Situation und dem angestrebten Ziel. Hierfür existieren, aufgrund der Individualität von Organisationen und ihren Veränderungsprozessen wenig allgemeinförmige und übertragbare Anleitungen. Dieser Artikel ersucht Aspekte von Veränderungsprozessen aufzugreifen, die Berücksichtigung bedürfen und mehr oder weniger in allen organisationalen Veränderungsprozessen zu finden sind und eine entsprechende Relevanz besitzen. Im Folgenden wird eine Orchestrierung von Veränderungsprozessen dargelegt, die möglichst viele und hilfreiche Aspekte beinhaltet und dennoch die Einzigartigkeit von Organisationen und ihren Veränderungsprozessen entspricht. In einem ersten Schritt wird eine kurze Verortung von organisationalen Veränderungsprozessen in Geschichte und Wissenschaft vorgenommen (1). Zusätzlich wird hierbei die Relevanz psychosozialer Aspekte von Veränderungen hervorgehoben (1.2). Dann werden aufeinander aufbauend die aus unserer Praxis wichtig erscheinenden Bausteine von Veränderungsprozessen erläutert: die Grundbausteine (2), die Interventionsplanung (3) sowie die Prozessstruktur (4) und die bedeutsamen Aspekte der Prozessführung (5).

1. Wissenschaftliche und historische Verortung von Veränderungsprozessen

Der Ursprung zum Umgang mit organisationalen Veränderungsprozessen lässt sich bis zu den Hawthorne-Studien (vgl. Roethlisberger 1946) und der daraus resultierenden Human-Relations-Bewegung zurückführen (vgl. Kostka & Mönch 2009, S. 7). Die Hawthorne-Studien stellten aus betriebswirtschaftlicher Sicht erstmals weniger formale Strukturen, sondern Aspekte wie Beziehungen und Arbeitszufriedenheit in den Vordergrund. In den 50er Jahren beschäftigte sich Lewin aufbauend mit Untersuchungen zu Gruppenverhalten, welche sich im Rahmen von Organisationen und überdies auch in Bezug auf Veränderungsprozesse gegenüber individualpsychologischen Konzepten bewährten. Auf Basis seiner Gruppenbeforschungen entwickelte er das erste "Change Management"-Modell, welches die drei Phasen „Unfreeze - Change – Freeze" umfasst (vgl. Lewin 1963, S. 262). Was uns heute trivial erscheint, war zum damaligen Zeitpunkt eine erste Reaktion auf die Wahrnehmung, dass sich die Märkte und das Umfeld verändern und damit auch eine Veränderungsnotwendigkeit für Organisationen besteht. Dies setzte sich, zunächst in den USA primär reaktiv als Anpassungsnotwendigkeit wirtschaftlicher Veränderung angestoßen, mit einer breiten Einführung in die Wirtschaft in den 70er Jahren, fort. Seit den 90er Jahren wird Change Management zunehmend als Erfolgsvoraussetzung für die Gestaltung von Veränderungsprozessen verstanden.

Die anhaltende Präsenz von Change-Konzepten verweist gegenüber anderen kurzlebigen Modell-Trends auf die unausweichlichen Entwicklungen der Märkte hinsichtlich Globalisierung, (Informations-)Technisierung und Volatilität der Finanzmärkte. Die Literatur zu dem Thema diversifiziert sich seit dem zunehmend (vgl. Glasl & Lievegoed 2011; Heitger & Doujak 2014; Krüger

2006; Streich 1997; Wimmer 1999). Ein häufig transferiertes Konzept ist das der Trauerphasen von Kübler-Roß (1983), welches später in unterschiedlicher Form auf Veränderungsprozesse angewandt wurde (vgl. Kostka & Mönch 2009, S. 13 f.; Streich 2013, S. 25).[1] Dabei ist vor allem eine Verschiebung von reaktiven hin zu proaktiven Konzepten zu beobachten, wie bspw. bei Peter Senge (vgl. Senge 2011) oder John Kotter (vgl. Kotter 2015). Kotter beschreibt aufbauend auf Lewins Modell noch einen generischen 7- bzw. später 8-stufigen Prozess (vgl. Kotter 1996).

Die dahinter liegende Idee ist, dass die durch die Globalisierung und Technologisierung entstandene Schnelllebigkeit und breite Veränderungen als Dauerzustand hervorgehoben und damit als Grundtatsache des Alltagsgeschäfts anerkannt wird. Die sich unaufhörlich verändernden Anforderungen an Organisationen, welche ein hohes Tempo und eine große Menge an Optionen inklusive unterschiedlichster Facetten und Konsequenzen mitbringen, stellen eine besondere und stetig steigende Herausforderung für Organisationen in unserer Zeit dar. „Es ist nichts beständiger als die Unbeständigkeit" (Kant 2017, S. 202). Vor diesem Hintergrund können Veränderungsprozesse nicht als klar abgegrenzte, lineare und monolithische Einheit betrachtet, sondern als zirkuläre Prozesse verstanden werden, die Schleifen besitzen, vielfältig vernetzt sind und ob der Nachhaltigkeit nicht mit einem konkreten abschließenden Endpunkt versehen sind und ad acta gelegt werden können. Entscheidungen und Veränderungen müssen zudem häufiger, schneller und in Abwägung

---

[1] Dieses Konzept der Akzeptanz umfasst 1. Schock 2. Verneinung 3. Einsicht 4. Akzeptanz 5. Ausprobieren 6. Erkenntnis und 7. Integration. Es bezieht sich auf die sozioemotionalen Aspekte und Widerstände von Change Prozessen. Für die praktische Arbeit ist es insofern relevant, als dass bspw. bei einer Organisationskultur mit geringer Fehlertoleranz die Phase des Ausprobierens behindert wird (vgl. Streich 2013, S. 26).

zahlreicher Optionen und Anforderungen getroffen werden. Daraus ergibt sich das Erfordernis, (notwendige) Veränderungen frühzeitig zu erkennen und darauf entsprechend flexibel reagieren zu können und nicht erst dann, wenn veränderte Umstände eine deutlich sichtbare Krise herbeiführen. Eine spezielle Herausforderung einer Organisation kann insofern auch als Möglichkeit betrachtet werden, im Sinne der Wettbewerbsfähigkeit, entsprechende Fähigkeiten für den zukünftigen Umgang mit Veränderungen zu erwerben. Es geht darum, dass die Organisation mit ihrer Umwelt und den Marktanforderungen im Fluß bleibt. Change-Prozesse forcieren daher neben dem Ziel der Veränderung hinsichtlich einer Anpassung an den Markt, auch die langfristige Resilienz (vgl. Wellensiek & Galuska 2014; Lambertz 2016) und Reflexivität von Organisationen (vgl. Kleiner & Roth 2005). Daraus geht bereits deutlich hervor, dass organisationale Veränderungsprozesse eminent in sozialpsychologische Aspekte eingebettet und von den Wechselwirkungen der Individuen innerhalb einer Organisation abhängig sind.

1.1. Die Relevanz sozialpsychologischer Aspekte von Veränderungsprozessen

Zeitgleich zu Lewins erstem Change Management Konzept gründete sich das Tavistock Institut auf Lewins psychologischer Feldtheorie und der psychoanalytischen Objektbeziehungstheorie, welches Menschen innerhalb von Organisationen als relevanten Ansatzpunkt von Veränderungsprozessen berücksichtigte.[2] Mit

---

[2] Dieses wurde u.a. vom Gruppenanalytiker W. Bion gegründet und zählte später Sutherland und Bowlby zu seinen Mitgliedern. Zuvor wurden Menschen in ihren Bezügen und Motiven kaum geschweige denn als relevantes Teil eines Organisationssystems berücksichtigt. Mittlerweile gilt die Integration von Mitarbeitenden in Veränderungsprozesse als unabdingbare Erfolgsvoraussetzung, denn Organisationen konstituieren sich in erster Linie aus Menschen.

Lewins Entdeckungen vollzog sich in der Wirtschaft die Entwicklung des Menschenbildes vom homo oeconomicus zum social man. Die Erkenntnis der Relevanz sozioemotionaler Aspekte als Stellschraube zur Verbesserung von Arbeitsleistung beförderten die Bedeutung von Veränderungsprozessen an sich: die o.g. strukturellen und sozialen Veränderungen brachten das bisherige tayloristische Denken inkl. seines Ansatzes, dass die ausführliche Planung und effektive Gestaltung von Arbeitsprozessen die Wettbewerbsfähigkeit sicherte, an seine Grenzen. Es können nicht einfach einzelne Aspekte eines Arbeitsprozesses kurzerhand verändert werden und der Erfolg stellt sich unmittelbar ein. Eine organisationale Veränderung stellt sich i.d.R. aus seiner sozialen Natur heraus als längerfristiger Prozess dar, da sie an das Getragenwerden der Menschen innerhalb der Organisation gebunden ist und Menschen aufgrund ihrer individuellen Haltungen und Einstellungen, welche aus dem jeweiligen Gewordensein entspringen, verschieden darauf reagieren und ein unterschiedliches Maß an Integrationsweisen und -zeit beanspruchen.

Im Rahmen von Studien zum Gelingen von Change-Prozessen werden solche Faktoren als erfolgsbestimmend hervorgehoben, da diese gegenüber quantitativen Faktoren maßgeblich die tatsächliche Umsetzung von Veränderungen bestimmen (vgl. Houben 2007, S. 7 f.; IBM 2008, S. 4). Laut IBMs Studie „making change work" steht die Veränderung von Denkweisen und Einstellungen (58%) als Hauptherausforderung von Change Management Prozessen im Vordergrund – dicht gefolgt von der Unternehmenskultur (49%)(vgl. IBM 2008, S. 14), welche eng mit Haltungen und Einstellungen vernetzt ist (vgl. Artikel „Ebenen von Entwicklungs- und Veränderungsprozessen" in diesem Band S. 57-80). U.a. daher sehen wir Organisationsentwicklung als Beziehungsentwicklung (s.u., vgl. Korpiun & Thiele 2018b).

Trotz differenzierter Auswahl an Change-Konzepten wird - berechtigterweise – mittlerweile darauf verzichtet, eine rezepthafte allgemeingültige Vorgehensweise zu definieren. Dies wird in der Tat auch aus unserer Erfahrung der Situation gerecht, dass in Anbetracht der vorherrschenden o.g. Komplexität (VUKA[3]) kein Veränderungsprozess dem anderen gleicht.

Damit bleibt der Sprung auf die Meta-Ebene, welche der vorherrschenden Komplexität diametral gegenübersteht. Wie kann also eine grundlegende Architektur eines Veränderungsprozesses aussehen? Was ist bei Veränderungsprozessen grundsätzlich zu berücksichtigen und wie kann ein solcher Prozess so aufgebaut werden, dass er erfolgsversprechend ist? Hierzu möchten wir unsere Sicht im Folgenden kurz erläutern und dabei Hinweise auf mögliche Modelle geben, die uns an den einzelnen Bausteinen relevant erscheinen.

Gerade zu Beginn kann die Vielschichtigkeit eines Veränderungsbedarfs für Desorientierung oder Lähmung einer Organisation sorgen. Die folgende übersichtliche, leicht nachvollziehbare und gleichzeitig umfassende Darstellung bietet eine Möglichkeit, die Grundaspekte einer Orchestrierung eines Transformationsprozesses mit der Führung und den Verantwortlichen in der

---

[3] Die aktuellen Anforderungen an Organisation werden in dem VUKA-Konzept (engl. VUCA) evident zusammengefasst. Vuka ist ein Akronym, dass für [V]olability (Steigerung der Häufigkeit und Geschwindigkeit von Veränderungen), [U]ncertainty (Unsicherheit), [C]omplexity (Komplexität) und [A]mbiguity (Mehrdeutigkeit) steht. Es stammt aus der Zeit nach dem Kalten Krieg und dem Niedergang der Sowjetunion und wurde durch das U.S. Army War College begründet. Das Akronym verweist auf die Anforderungen einer strategischen Führung in Bezug auf die steigenden Komplexitätsansprüche der Gegenwart. Die Berücksichtigung der vier Aspekte eröffnet die Möglichkeit aus Fehlern zu lernen und Überdies Resilienz zu entwickeln und Unsicherheit, Komplexität und Mehrdeutigkeit als Entwicklungs- und Möglichkeitenraum zu betrachten.

Organisation zu teilen und ein geteiltes Bild darüber zu entwickeln, welche Schritte erforderlich sind. Dabei weisen wir explizit darauf hin, dass sich solche Prozesse entlang der (vielfach noch zu entdeckenden) Bedarfe immer wieder weiter, anders und neu entwickeln. Die „Hintergrundfolie" der Gesamtorchestrierung bleibt aber erhalten, so dass in weiteren Interventions- und Beauftragungsschritten alle Aspekte überprüft und ggf. neu bewertet werden können.

Die einzelnen Aspekte dieses Modells bieten die Möglichkeit, je nach Anspruch, detailliert betrachtet und damit in unterschiedlicher Weise ausgelegt zu werden oder bei Herausforderungen einzelne Aspekte und ihre Berücksichtigung zu überprüfen.

In den folgenden Kapiteln beschreiben wir die wesentlichen Bausteine für die Orchestrierung eines Transformationsprozesses und wie diese miteinander zusammenhängen.

2. Die Grundbausteine eines Veränderungsprozesses: Status Quo und Leitbild

Beginnen möchten wir mit etwas Naheliegendem und vermeintlich Einfachem, dem Woher und Wohin. In jedem Veränderungsprozess wird eine umfassende Diagnostik des Status Quo und eine präzise Vorstellung des „Zielzustands" benötigt. Beides sind die grundlegenden Eckpfeiler, die die Ausgangssituation und die konkrete zukünftige Richtung aufzeigen zwischen denen sich der Veränderungsprozess aufspannt und bieten somit beide die Orientierungs- und auch Motivationsgrundlage für die Organisation.

Status Quo (WOHER) Leitbild (WOHIN)

Abbildung 1: Grundbausteine eines Veränderungsprozesses (Status Quo und Leitbild)

- *„Status Quo"*: der Status Quo sollte möglichst differenziert die aktuelle Situation der Organisation beschreiben. Dabei ist es wichtig, neben der Symptomebene auch die Ursachenebene oder mögliche Symptomverschiebungen zu erfassen. Neben strukturellen und formalen Aspekten ist die Integration kultureller Aspekte und damit verbundener unbewusster Anteile der Organisation von hoher Relevanz. Gegenstand der Analyse sollten idealerweise sowohl Führungs- als auch Mitarbeitendenebene in unterschiedlichen Bereichen sein. Im Vorfeld des Veränderungsprozesses kann möglicherweise Verwirrung oder Uneinigkeit über den Status Quo herrschen oder lediglich vermeintliche Klarheit, welche weitere wichtige Aspekte und Zusammenhänge ausblenden kann. Der Befund bietet idealerweise eine Übersicht sowohl auf kritische Gesichtspunkte und Defizite, als auch auf Ressourcen und Fähigkeiten und berücksichtigt dabei unterschiedliche Ebenen und Bereiche einer Organisation. Bereits die Planung und flexible Gestaltung der Erhebung erfordert einen zugeschnittenen Organisationsprozess bezüglich Methodik, inklusive Kriterien, Durchführung, Interpretation und Auswahl der Betrachtungsgegenstände. Die Organisationsbestandsaufnahme bedient sich dabei unterschiedlicher diagnostischer

Methoden, wie Mitarbeitendenbefragungen, Interviews oder Workshops, die anhand von Modellen und im Gespräch darüber, die möglichst bewusste Verortung der Organisation fördern (vgl. „Interviews als hochwirksame Intervention in organisationalen Veränderungs- und Entwicklungsprozessen" in diesem Band S. 191–227). Für eine klare Strukturierung und Sichtbarmachung des Status Quo eignen sich eine Vielzahl von Modellen, u.a. die transaktionsanalytischen Konzepte zu Autonomie, Grundhaltungen, Grundbedürfnissen (vgl. Berne 1979, S. 234 ff.; Berne 1998, S. 38 f.), Abwertungen von Denken und Handeln (vgl. Schiff 1975, p. 14 ff.) und Gruppenkräften (vgl. Berne 1979) sowie Aufstellungen (vgl. Weber 2000; Rosselet 2010) oder das Modell der Dysfunktionalitäten von Lencioni (vgl. Lencioni 2014) und der Kulturdiagnostik von Fatzer (vgl. Fatzer 2005, S. 101).

- *„Leitbild"*: das Gleiche gilt auch für die Beschreibung der möglichst klar definierten Zukunft, die sowohl inhaltliche als auch kulturelle Aspekte umfasst. Wir beschreiben das mit dem übergeordneten Leibild-Begriff. Leitbilder umfassen neben Mission, Vision und Zielen ebenso die kulturelle Dimension von Werten, deren Ausdruck in Verhalten (Philosophie) sowie die aktuell gelebte Unternehmenskultur. Ein Leitbild, welches adäquat partizipativ und ausgehend von der aktuellen Situation der Organisation entwickelt wird, bietet dabei eine besonders sinnstiftende und mobilisierende Orientierungsfolie. Leitbilder forcieren vor allem die Entwicklung von Organisationskultur als unnachahmbare Signatur und Erfolgsfaktor einer Organisation. Ein in der folgenden Grafik skizziertes Modell kann hilfreich bei der Entwicklung eines Leitbilds sein und den Zugang zur Thematik erleichtern (vgl. Artikel „Ein Leitbildmodell

zur praktischen Anwendung in Workshops" in diesem
Band S. 81-111):

Abbildung 2: Leitbildmodell

Die differenzierte Betrachtung von Status Quo und Leitbild ist
angesichts der Tatsache, dass Menschen hochindividuelle Bezüge zum Umgang mit Veränderungen haben - je nach positiver
bzw. negativer Erfahrung einerseits und eigenen konstruktiven
und destruktiven inneren Haltungen andererseits - wichtig, um
nicht unnötig Phänomene von Widerstand und Passivität bereits
zu Beginn eines Prozesses hervorzurufen. In der Praxis erleben
wir Führungskräfte häufig in Übertreibungen zur Negativität
(Hölle) des Status Quo oder Positivität des Leitbilds

(Schlaraffenland).[4] In beiden Fällen werden relevante Aspekte von Vergangenheit und Gegenwart ausgeblendet bzw. nicht gewürdigt und abgewertet. Eine solche Haltung führt damit unweigerlich zu Unverständnis, Ungläubigkeit, dem Gefühl mangelnder Beachtung sowie zu überhöhten Erwartungen und damit einhergehenden Enttäuschungen. Daher ist es notwendig, dass sowohl der Status Quo als auch das Leitbild sich entsprechend ausgewogen mit der aktuellen und zukünftigen Situation auseinandersetzen, Aspekte von Stärken und Ressourcen ebenso beleuchten wie das von Schwächen, Defiziten bzw. Entwicklungsnotwendigkeiten. Bei einer gelungenen Ausgestaltung ergibt sich der Spannungsbogen zwischen woher und wohin idealerweise selbsterklärend bzw. intuitiv (und nicht nur kognitiv) nachvollziehbar. Damit wird es ermöglicht, die Verbindung dazwischen in Form des Prozesses (u.a. Interventionen, Beziehungsentwicklung) sinnvoll zu strukturieren.

3. Die Prozessbausteine eines Veränderungsprozesses: die Interventionsplanung

Ein weiterer Baustein ist die eigentliche Interventionsplanung.

---

[4] Vgl. Grandiosität im Sinne Schiffs: Die momentane Situation wird abgewertet und die in der Zukunft liegende Situation wird überbewertet (vgl. Schiff 1975, p. 18 f.). Dies geschieht unter Ausblendung (Discounting) von bestimmten Aspekten (vgl. ebd. 1975, p. 14 ff.).

Status Quo (WOHER)   Organisationsentwicklung   Leitbild (WOHIN)

INTERVENTIONEN (WAS)

Kulturentwicklung

Abbildung 3: Prozessbaustein Interventionsplanung

Interventionen (WAS): Im Sinne der Meta-Ebene des Modells wollen wir hier nicht auf einzelne Interventionen eingehen, da diese - wie bereits beschrieben - je nach Organisation, Ausgangs- und Zielsituation und damit auch der Prozess sehr unterschiedlich sein können. Stattdessen möchten wir auf einige übergreifende relevante prozessuale Aspekte eingehen.

Hierbei ist es unseres Erachtens von großer Relevanz, zunächst ein geteiltes Bild im Führungskreis zu entwickeln, welche Art bzw. welcher grundlegende Art von Veränderungsprozess zugrunde liegt (vgl. Artikel „Erweiterung und praktische Anwendung des Modells der Gruppenkräfte & Gruppenarten von Eric Berne" in diesem Band S. 137-190): handelt es sich hierbei um eine Krisensituation, ein Turn-Around, eine selbst initiierte Entwicklung, eine Mobilisierung etc.? Da diese Einschätzung in der Wahrnehmung von Führungskräften sehr unterschiedlich sein kann, bedarf es hierzu eines Dialogs, um zu einem geteilten Bild zu kommen. Dies ist eine Grundvoraussetzung, damit spätere Interventionen ihre gewünschte Wirkung entfalten können, z.B. basierend auf dem Modell der Gruppenarten von Berne (vgl. ebd.) oder auch Stock-Homburg (vgl. Stock-Homburg 2008, S. 469). Weitere hilfreiche Modelle für die Dynamik von Veränderungsprozessen sind die Kompetenzkurve (vgl. Hay 2009)[5], die

---

[5] Hays Kompetenzkurve umfasst sieben Stufen: 1. Immobilisation/ Being 2. Denial/ Doing 3. Frustration/ Thinking 4. Acceptance/ Identity 5. Development/ Skills 6. Application/ Integration 7. Completion/ Recycling.

Akzeptanzmatrix (vgl. Lewin 1982; Mohr & Woehe 1998, S. 44 ff.)[6] oder das 7-Phasenmodell von emotionalen Reaktionen auf Change Management Prozesse (vgl. Streich 1997)[7].

Weiterhin ist in der Interventionsplanung zu beachten, dass strukturelle Aspekte und kulturelle Aspekte integral mit gleicher Gewichtung beachtet und bearbeitet werden, um im Prozess Haltungen und Einstellungen zu beeinflussen und damit möglichst effektiv zu sein und den Erfolg abzusichern. Verdeutlicht wird dies bspw. über das Modell der Ebenen von Veränderungsprozessen (Vgl. Artikel „Ebenen von Entwicklungs- Veränderungsprozessen" in diesem Band S. 57-80).

Eine dritte Empfehlung bezieht sich auf das grundsätzlich prozessuale Vorgehen (s.o.). In der Praxis wird uns häufig zu Beginn eines Prozess von den Verantwortlichen die Frage gestellt, welchen Aufwandsumfang der Gesamtprozess benötigt. Diese Frage

---

[6] Die Akzeptanzmatrix spannt sich zwischen persönlichen und sachlichen Risiken auf, welche zum Koordinatenursprung hin jeweils die größte Risikoeinschätzungsausprägung haben. Der aufgespannte Bereich lässt sich nun in vier Quadranten bzw. Widerstandstypen aufteilen: 1. Gegner, die widersprechen, gegen Veränderung ankämpfen und eigene Interessen verfolgen 2. Opponenten, die zwar eine andere Sichtweise haben, allerdings die Veränderungen respektieren 3. Gleichgesinnte, die Veränderungen unterstützen, dabei allerdings nicht vollkommen loyal sind und 4. Verbündete, die Ziele loyal ergeben unterstützen. I.d.R. machen 1. 15% 2. 40% 3. 40% und 4. 5% aus (vgl. Mohr & Woehe 1998, S. 43 ff.). In Lewins Verständnis existiert in der Mitte dieser Matrix noch eine 5. Gruppe: die Unentschiedenen, die keine klare Meinung haben und sich der Mehrheit anschließen (vgl. Lewin 1982).

[7] Sieben Phasen von Veränderungsprozessen von Menschen – aufbauend auf die Trauerphasen nach Kübler-Ross (1. Schock/Überraschung 2. Verneinung/ Ablehnung 3. Rationale Einsicht 4. Emotionale Akzeptanz 5. Ausprobieren/Lernen 6. Erkenntnis 7. Integration.

lässt sich in keinem Fall seriös beantworten. Gerade zu Beginn sind viele Perspektiven jenseits der Auftraggebenden noch gar nicht wirklich erfasst. Da die Entwicklung des Veränderungsprozesses auch maßgeblich von der Veränderung der Mitarbeitenden abhängt und menschliche Entwicklungen schwer vorhersagbar sind (vgl. Kraus et al. 2006, S. 76), ist es unabdingbar schrittweise vorzugehen. Darüber hinaus entwickeln sich in jedem Prozess Bedarfe und Fragestellungen, die nicht bedacht wurden oder gar bekannt waren. Von daher plädieren wir stark dafür, konkrete Schritte "auf Sicht" zu planen und grundsätzlich mit den verantwortlichen Mitgliedern der Organisation den weiteren Fahrplan gemeinsam zu entwickeln. Dies mag nach "Salami-Taktik" aussehen, ist aber aus unserer Sicht die einzige Möglichkeit, angemessen auf die Bedürfnisse in einem solchen Prozess einzugehen und verbunden mit der Haltung, sich als Berater über die Befähigung der Menschen in der Organisation obsolet zu machen, gut vertretbar. Zudem besteht eine strukturierende Richtung zwischen Status Quo und Leitbild anhand dessen sich die einzelnen Schritte orientieren können und die Schritte können ideal auf die Voraussetzungen und Anforderungen der Organisation abgestimmt werden.

Beziehungsentwicklung (WIE): Neben dem WAS ist bei der Interventionsplanung auch das WIE relevant.

Abbildung 4: Was zum Baustein Interventionsplanung dazu gehört (Beziehungsentwicklung)

Aus unserer Sicht ist Organisationsentwicklung Beziehungsentwicklung. Die Relevanz der Gestaltung von Beziehungen wurde bereits in der Einleitung angerissen. Entsprechend achten wir in der Art der Interventionsdurchführung auf eine Entwicklung und Befähigung der Menschen in der Organisation, miteinander gut in Beziehung zu sein, sowohl vertikal (über Hierarchieebenen hinweg) als auch horizontal (auf der jeweiligen Peer-Ebene). Wir schaffen dabei Räume für einen Dialog, der es ermöglicht, die inneren Bilder auszutauschen und darüber Abwertungen und Ausblendungen zu reduzieren oder gar vermeiden. Als hilfreich erleben wir hier das Modell der Beziehungsformen von Sell (vgl. ebd. 2009), was wir im Hinblick auf Organisationen weiterentwickelt haben und auf das wir aus Platzgründen hier nur verweisen wollen. (vgl. Thiele & Korpiun 2016; Korpiun & Thiele 2018a).

4. Begleitende Bausteine eines Veränderungsprozesses: Prozessstruktur

Über die genannten Bausteine hinaus gibt es zwei weitere, die begleitend und unterstützend wichtig für die Architektur eines Veränderungsprozesses sind. Einer davon ist die Prozessstruktur.

Abbildung 5: Begleitender Baustein von Veränderungsprozessen (Prozessstruktur)

Mit Prozessstruktur meinen wir die auf der Ebene des Veränderungsprozesses an sich angelegten unterstützenden prozessualen Tätigkeiten, in Analogie bspw. zu einem Programmmanagement in Entwicklungsprojekten. Die Klärung der Aufgaben und Rollen ermöglicht im Vorfeld eine Strukturgebung und verhindert, dass es zu unnötigen Verwirrungen kommt, Konzepte zum Veränderungsprozess in der Schublade verschwinden und der angestoßene Veränderungsprozess versackt. Die Verantwortung für den Fortgang des Prozesses ist so eine gemeinsam geteilte mit klar abgegrenzten Aufgabenbereichen, um dem „jemand anderes kümmert sich bestimmt schon drum" -Denken vorzubeugen.

Die Prozessstruktur umfasst aus unserer Sicht folgende vier Kernaspekte, wobei kein Anspruch auf Vollständigkeit erhoben wird:

1. Diagnostik und Modellierung: Gemäß dem Diktum „Keine Konzeption ohne Diagnose." (Kraus et al. 2006, S. 74) ist es unabdingbar, dass ein möglichst umfassendes strukturiertes Abbild der Wirklichkeit von der Organisation entwickelt wird, dass möglichst alle Mitglieder teilen. Dies gilt eben nicht nur am Beginn, sondern auch während des Prozesses. Dieses Abbild bietet jeweils die weiteren Anknüpfungspunkte, um den weiteren Prozess in Richtung Leitbild zu entwickeln. Ebenso gilt es zu Beginn und während des Prozesses mit einigen Kernmodellen zu arbeiten, die immer wieder referenziert werden können, um Entwicklung zu verdeutlichen. Auch wenn es in einem umfassenderen Prozess zur Anwendung einer Vielzahl von Modellen kommen kann, die implizit oder explizit angewendet werden, so ist die visualisierte Verortung entlang weniger Kernmodell zu empfehlen.

Entsprechend gilt es, folgende Aspekte im Prozess bewusst zu entscheiden bzw. zu berücksichtigen:

- konkrete Planung der Initialdiagnostik anhand des Auftrages und der bisherigen ersten Eindrücke.
- Auswahl der diagnostischen Formate zu Beginn und während des Prozesses (u.a. auch Evaluation).
- Klärung, welche Personen involviert/befragt und welche Unterlagen und Prozesse betrachtet werden können.
- Festlegung, welche Aspekte genau beforscht werden sollen und dabei gleichzeitig Beibehaltung einer Offenheit, um weitere relevante Aspekte zu integrieren und auffälligen Aspekten nachgehen zu können.

- Klärung der Aufgaben und Verantwortlichkeiten, damit die jeweiligen Rollen bei Bedarf im Prozess erhalten bleiben können, u. a. um Stabilität und Struktur und somit Vertrauen in den Prozess zu erzeugen und jeweils Experten für bestimmte Bereiche – auch in Bezug auf weitere Veränderungen - zur Verfügung zu haben.
- Klärung der Einbindung von Mitarbeitenden, um auch die Überführung von den Beratern an Organisationsinterne sicherzustellen.

Bei der Diagnostik sollte besonders auf organisationsspezifische Elemente eingegangen werden, um nicht eigene Denkweisen zu oktroyieren, damit wichtige Aspekte auszulassen und den Prozess möglicherweise in eine ungünstige Richtung zu lenken. Es ist sinnvoll für die Diagnostik, die Perspektive eines möglichst unvoreingenommenen Forschers einzunehmen. Anhand des aus der diagnostischen Arbeit vorliegenden Materials können dann Hypothesen gebildet werden bzw. eine Bedarfsanalyse vorgenommen werden, welche den jeweiligen Brückenschlag zu den Interventionen erlaubt. Gegenüber der Diagnostik, welche möglichst unvoreingenommen stattfinden sollte, ist es für die Bedarfsanalyse sinnvoll ein möglichst umfassendes und interdisziplinäres Praxis-, Theorie- und Modellwissen mitzubringen, um die Informationen entsprechend zu systematisieren und Interventionen darauf aufbauen zu können.

Im Rahmen der Hypothesenbildung und Interventionsplanung zeichnen sich üblicherweise die zu nutzenden Kernmodelle bereits ab.

2. Interventionsplanung: Im Rahmen der Interventionsplanung gilt: „So viel Freiheit wie möglich und so wenig einlenken wie nötig", was vor dem Hintergrund nahender Krisen und der

Wirtschaftlichkeit gelegentlich herausfordernd auszubalancieren ist. Grundsätzlich haben Interventionen die Qualifizierung der Organisationsmitglieder im Umgang mit Veränderungen und die Entwicklung einer geteilten Wirklichkeitskonstruktion über den Veränderungsbedarf zum Ziel. Die Interventionsplanung stellt die Frage, was genau verändert werden soll und auf welche Art bzw. wie. Die Diagnoseerstellung selbst kann bereits als Intervention betrachtet werden, da sie von den Beratern nicht etwa vorgesetzt, sondern gemeinsam im Rahmen von Workshops erarbeitet werden kann. Die Planung der Interventionen erfolgt immer gemeinsam mit Beratenden und Auftraggebenden. Partizipation ist hierbei besonders wichtig, um die Selbstbildung zu stützen und die Selbstverantwortung der Beteiligten zu erhalten und voran zu bringen. Interventionen auf kultureller, sprich Verhaltens- und Haltungsebene benötigen besondere Vereinbarungen.

Interventionen müssen entwickelt und entsprechend der Organisation als Lebenswelt mit ihren individuellen Erfahrungs- und Deutungsmustern angepasst. Das bedeutet insbesondere ein Abgleich von Idealprozess und Realisierbarkeit in einer Organisation, die gerade in Veränderungsprozessen mehr als sonst mit zeitlichen und finanziellen Ressourcenengpässen zu kämpfen hat. Aus Beratersicht ist abzuwägen, wie groß der Kompromiss der Abweichung vom Idealprozess sein kann, damit er noch Wirksamkeit entfalten kann. Mit dem Auftraggebenden sind die Bedeutung und die Konsequenz für den weiteren Prozess, wenn Abweichungen stattfinden, explizit und in größtmöglicher Klarheit zu vereinbaren.

Ebenso ist eine Reflexion von Interventionen über Realisierbarkeit, Passung, Aufwand, mögliche unerwünschte Nebenwirkungen, Ressourcen- oder Defizitorientierung, ethische Vertretbarkeit und nachträgliche Anpassungsfähigkeit bzw.

Integrierbarkeit in den Gesamtprozess erforderlich. Im Rahmen dessen können dann Rollen und Verantwortungen festgelegt werden (z.B. Evaluation, Planung, Durchführung, Kommunikation; Bereiche). Im Vorfeld können Rahmen, Kosten, Dauer, präferierte Methodik als Richtschnur festgelegt werden, um einen systematischen Rahmen zu bilden, der aber keinesfalls verbindlich ist, um auch situativ flexibel reagieren zu können. Die jeweiligen Herausforderungen und die entsprechenden Herangehensweisen werden systematisch strukturiert. I.d.R. wird zunächst die erste Interventionsphase präzise geplant und der weitere Verlauf nur skizziert und erst – entsprechend einer integrierten Planung - nach zureichender Auswertung der ersten Interventionsphase differenziert (s.u.). Gelegentlich erzielt eine Intervention auch nicht die gewünschten Ergebnisse. Bei den Interventionen macht es Sinn, gerade bei umfassenderen Veränderungsprozessen, die viel Zeit beanspruchen, auch kurzfristige Interventionen und entsprechend kurzfristig erreichbare und klar definierte Ziele aufzunehmen, bzw. größere Ziele in kleine Abschnitte zu zerlegen. Zum einen wird damit die Evaluierbarkeit erhöht und der Prozess generell strukturiert. Zum anderen können zwischenzeitlich Erfolge anerkannt werden, Widerständen vorgebeugt werden und die Motivation bleibt eher erhalten.

Anhand dieser Herausforderungen wird deutlich, dass es auf Kundenseite eine hohe Bewusstheit braucht und entsprechende Ressourcen bereitgestellt werden müssen, um die sukzessive Planung, Reflexion und Anpassung der Interventionen abzubilden und die entsprechende Auftragsklärung vorzunehmen. Wir erleben, dass dieser Aspekt und der damit verbundene Aufwand aufgrund mangelnder Eigenerfahrung häufig signifikant unterschätzt wird. Eine frühzeitige Klärung zu Beginn des Prozesses ist daher immensurabel wichtig.

3. Prozesskommunikation: Kommunikation wird als wesentlicher Träger von Veränderungen betrachtet: misslungene Change Prozesse werden häufig auf fehlerhafte Kommunikation und überdies fehlende Räume zur Bearbeitung von Widerständen zurückgeführt. Die Prozesskommunikation ist Kristallisationspunkt der Interventionsplanung und dient dem Sichtbarmachen von Ressourcen und Herausforderungen. Zudem fördert eine angemessene und gut strukturierte Prozesskommunikation, dass alle über den aktuellen Stand und Anforderungen informiert sind (vgl. Grundbedürfnisse nach Berne: Struktur) und entsprechend sinnvoll darauf eingehen können und keine Gerüchte entstehen. Bspw. können sich bei mangelnder Transparenz Führungskräfte übergangen fühlen. Oder wenn ein Beteiligter stetig an einer Baustelle arbeitet und nach längerer Zeit feststellt, dass diese Tätigkeit aufgrund von Änderungen schon längst nicht mehr sinnvoll war, ist die Energie nicht nur zwischenzeitlich versackt, sondern auch im Nachhinein schwieriger wiederherzustellen.

Ein wesentlicher inhaltlicher Aspekt der Prozesskommunikation liegt dabei in der initialen Vermittlung der Hintergründe des Veränderungsprozesses. Nach Kotters Stufenmodell ist die Kommunikation der Vision an vierter Stelle berücksichtigt. Visionen können kommuniziert und überdies individuell abgeglichen werden. Die genauen Gründe für die Veränderung können dargelegt werden, um ein rationales und emotionales Verständnis für die Veränderung zu schaffen (vgl. Kostka & Mönch 2009, S. 19, S. 24) damit jeder empfänglich für eigene Aufgaben und Wirksamkeit ist. Wenn alle die Beweggründe für den Veränderungsprozess verstehen, können Beteiligte ihre Abläufe selbstständig kontrollieren, hinterfragen und anpassen und auch künftig besser mit Veränderungen umgehen.

Die Prozesskommunikation beschäftigt sich grundsätzlich mit der Frage: Wer soll warum wie und womit erreicht werden? Dies kann bspw. über Workshops oder Interviews geklärt werden (vgl. Stolzenberg & Heberle 2013, S. 87). Darüber können Maßnahmen, Medien (z.B. Newsletter, Homepage, Teamrunden, Infoveranstaltungen, Aushänge, World Café, bereits bestehende Medien), Zielgruppen (Schnittstellenpersonen, Lieferanten_Innen, Kunden_Innen, Bereiche, Mitarbeitenden), mögliche Erwartungen und Eigenheiten der Zielgruppen, Kontinuität, Kommunikationsziele, Zeitstrukturierung, Kaskadierungen (vgl. Stolzenberg & Heberle S. 77), Kultivierung bestimmter Kommunikationsweisen (z.B. Regelmäßigkeit, Erlernen von Reflexions- oder Feedbacktechniken) und verschiedene Rollen im Rahmen der Change-Kommunikation festgelegt werden. Die Change-Steuerung wird i.d.R. häufig auf die Führung zentriert und damit nicht von anderen getragen. Hier kann klar kommuniziert werden, dass alle die Verantwortung für Veränderungen gleichermaßen teilen und somit auch alle Träger der Prozesskommunikation und Veränderung an sich sind und das jeder einen sinnvollen Beitrag hierzu leisten kann. Dazu können Ermunterung zu Feedbacks zählen (in beide Richtungen), zum einen um die Richtung und die Vorgehensweise zu justieren und zum anderen führt das Einbeziehen – sofern das Feedback ernst genommen wird - zu mehr bzw. den Erhalt von Engagement bei den Beteiligten und gute Ideen laufen nicht einfach ins Leere.

Wir erleben in der Praxis häufig, dass die Führung meint, solange keine konkreten Inhalte zu kommunizieren sind sei es sinnvoller, auf Kommunikation zu verzichten. Gleichzeitig kennen wir alle die Situation, wenn wir am Flughafen auf das Flugzeug warten, die eigentliche Boardingzeit erreicht ist und nichts passiert. Findet gar keine Kommunikation statt entsteht eine zunehmende Nervosität und Anspannung, die sich aus der wachsenden Unsicherheit speist. Wenn zum Zeitpunkt des eigentlichen Boardings die Information kommt, dass es aufgrund von technischen Problemen eine Verzögerung geben wird und die nächste Information in 30 Minuten kommt, so ist das zwar quasi inhaltsleer, trotzdem findet eine Entspannung statt und die Menschen nutzen diese Zeit für andere Dinge.

Entsprechend beinhaltet Prozesskommunikation nicht nur eine umfassende Überlegung, wann wo an wen welche Inhalte zu kommunizieren sind, sondern ebenso eine Versorgung der Organisation mit Informationen über den aktuellen Stand und die nächsten Schritte. Aus unserer Sicht ist dies einer der wesentlichen Erfolgsfaktoren eines Veränderungsprozesses.

Die Aufgabe der Prozesskommunikation kann zunächst an einzelne abgegeben werden, die dann weitere zu dem Thema informieren (Kaskadierung). Gleichzeitig bestehen bestimmte rollenbezogene Grundansprüche bzgl. Kommunikation (z.B. Geschäftsführung, Betriebsrat, Unternehmenskommunikation). Dabei mag es durchaus hilfreich sein, diese in der Organisation aktuelle Struktur bewusst zu hinterfragen und andere Protagonisten für Kommunikationsinhalte zu nutzen.

Kommunikation sollte ebenso wie die Interventionsplanung im Prozess regelmäßig bzw. Anlass bezogen reflektiert und angepasst werden.

4. Steuerung & Tracking (Wiederkehrende Untersuchung des Gleichen Sachverhalts): Prozessanalyse und Regelung sind eng miteinander verknüpft. Wie schon angedeutet, befinden sich Planung, Umsetzung und Auswertung dabei in einem ständigen Mikrozyklus. Aus der Vernetzung von Steuerung und Tracking lassen sich konkrete Maßnahmen ableiten. Daraus geht, wie zuvor bereits erwähnt (vgl. Interventionsplanung), hervor, dass es sinnvoll ist, kurzfristige Etappen und damit Erfolge einzuplanen.

Ähnlich wie bei einer Programmplanung, braucht es bei komplexen Transformationsprozessen eine Verantwortlichkeit, die die verschiedenen Interventionsstränge im Überblick hat, die Verknüpfungen und gegenseitigen Abhängigkeiten kennt und entsprechende vereinbarte Anpassungen überträgt. Ebenso obliegt die Steuerung der jeweiligen Reflexionsprozesse dieser Rolle. Wie bereits bei der Prozesskommunikation erwähnt, erfahren wir auch hier in der Praxis häufig Abwertungen, wie hoch die Bedeutung ist und welche Aufwände das auch bedeutet. Gleichzeitig ist eine konsistente Steuerung und Nachverfolgung von hoher Relevanz, da sie die Führung befähigt, bestimmte Entwicklungen, die nicht den Vereinbarungen entsprechend umgesetzt werden, und deren Bedeutung für den Gesamtprozess sowie die Zielerreichung zu erkennen und dann gezielt zu intervenieren bzw. zu konfrontieren (vgl. Ameln & Kramer 2007, S. 85).

Ebenso wichtig für den Prozess und die Sichtbarkeit ist die Möglichkeit, Erfolge deutlich zu machen. Gerade die kleinen Erfolge, die kleinen Schritte in die richtige Richtung sind wesentlich, um die Motivation in der Länge des Prozesses aufrecht zu erhalten und zu stärken. Ganz häufig gehen diese unter bzw. werden zumindest nicht in die öffentliche Wahrnehmung der Organisation transportiert. Das kann zum Eindruck bei den handelnden Protagonisten führen, dass ihre Bemühungen nicht gesehen oder nicht ernst genommen werden (vgl. Kostka & Mönch 2009, S. 20). Die Schnittstelle zur Prozesskommunikation wird hier deutlich sichtbar.

Wichtig ist dabei, dass nicht der Eindruck von Kontrolle per se erzeugt wird, da dieser gefühlte Zwänge und Widerstand nach sich zieht. Wesentlich ist aus Führungsperspektive mit Überzeugungsarbeit und Empathie zu agieren, Arbeit am Veränderungsprozess als ebenso relevant wie das Tagesgeschäft zu beachten, sich entwickelnde Nebenkriegsschauplätze wahrzunehmen, Proaktivität zu fördern etc.

In Anbetracht all dieser relevanten Aspekte wird auch hier deutlich, wie wichtig es ist, sich bereits zu Beginn Gedanken darüber zu machen, wo diese Verantwortung gelagert ist, welche Instrumente dafür benötigt werden und welche Personen eine solche Rolle einnehmen können. Die Instrumente können vielfältig sein von Feedback über Skalen, Fragebögen, Erhebungen, Mitarbeitendenbefragungen, Barometer, Interviews, Besprechungen mit anderen Steuerungsebenen, Projektfieberkurve, War-Ist-Vergleich, Pilotgruppen etc.

Vielfach ist es zu Beginn eines Prozesses so, dass wir als Berater maßgeblich die Prozessstruktur definieren. Mit zunehmender Befähigung der Organisation ist es unser Ziel, uns als Berater zurückzuziehen und die Verantwortung zu Verantwortlichen innerhalb der Organisation zu geben. Daher ist es umso wichtiger, diese Elemente so aufzusetzen, dass sie sich nicht als Hoheitswissen der Berater darstellen, sondern von vorne herein die Mitglieder der Organisation darin eingebunden werden. Dazu gehört bspw. die oben aufgeführte Planung von Interventionen mit Betroffenen oder auch die Zusammenarbeit mit der Unternehmenskommunikation.

5. Begleitende Bausteine eines Veränderungsprozesses: die Prozessführung

Der letzte Baustein ist dann die Prozessführung.

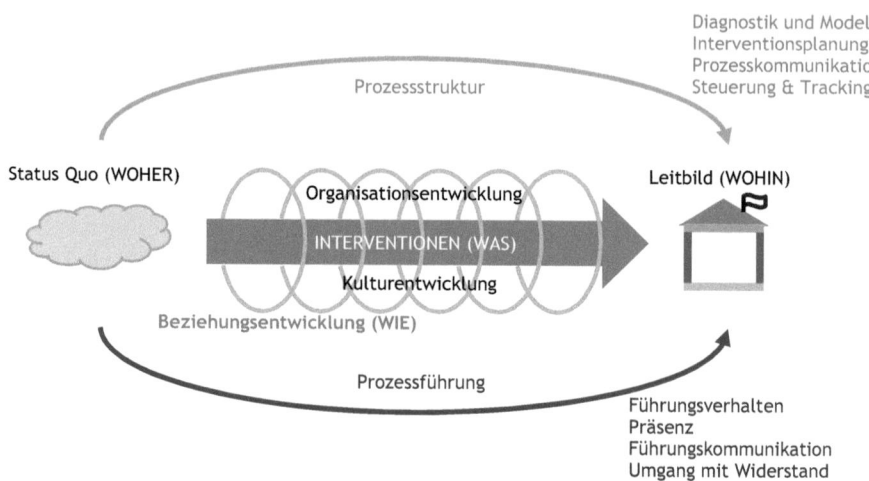

Abbildung 6: Weiterer Baustein von Veränderungsprozessen (Prozessführung)

Damit ist die bewusst gestaltete Involvierung der "Führung" der Organisation in den Veränderungsprozess gemeint. Wir sehen die zwingende Notwendigkeit einer aktiven Rolle über die eigentliche Beauftragung hinaus und sind häufig in kontinuierlicher Reflektion und Sparring mit den Führungskräften, zumal sich im Laufe des Prozesses immer wieder Neuerungen und Anpassungsnotwendigkeiten ergeben. Eine reine Beauftragungsrolle ohne aktive Involvierung insbesondere der obersten Führungsebene wäre für uns nicht sinnvoll und daher nicht akzeptabel.

Ohne Anspruch auf Vollständigkeit sind die wesentlichen Elemente der Prozessführung aus unserer Sicht:

- **Präsenz:** Führung findet immer im öffentlichen Raum statt. Die non-verbalen und verbalen Signale werden entsprechend interpretiert. Je höher die Führungskraft in der Hierarchie steht, je größer ist die damit

44

verbundene Wirkung. Das mag kognitiv klar sein, vielen Führungskräften ist die Bedeutung ihres Auftretens trotzdem nicht klar, entsprechend unbewusst verläuft damit die Präsenz. Ein flapsiger Spruch mag in einem Kontext angemessen sein in einem anderen verheerend. Gerade in einem Veränderungsprozess erhöht sich nochmal die Bedeutung der Vor-Bild-Funktion. Generell führt Präsenz von Führung eher zu Akzeptanz und Legitimation in der Mitarbeitendenschaft (vgl. Creasey & Hiatt 2008). In dem Zusammenhang ist ein bewusster Auseinandersetzungsprozess hilfreich, der zum Inhalt hat, an welchen Stellen, zu welchen Zeitpunkten und mit welchen Inhalten wer aus der Führung präsent oder eben auch bewusst nicht präsent ist. Die jeweilige Bedeutung dieser Szenarien ist zu besprechen und in den Gesamtprozess zu integrieren.

- Führungsverhalten: aufbauend auf dem Aspekt der Präsenz haben Verhaltensaspekte ein besonderes Augenmerk verdient. In einem Transformationsprozess sind wie oben beschrieben die kulturellen und damit verhaltensbezogenen Veränderungen essentieller Bestandteil. Es gibt immer einen Aspekt, wo im Sinne des Leitbilds die angestrebte Kultur von der aktuellen abweicht. Führung selber hat maßgeblich diese Zielkultur entwickelt und sie mit der inhaltlichen Ausrichtung in Verbindung gebracht. Entsprechend besteht eine Erwartungshaltung bis zu einer besonderen Beobachtung durch die Mitglieder der Organisation, inwieweit Führung in der Lage ist, ebenfalls Veränderung am eigenen Verhalten vorzunehmen und damit vorbildhaft wirksam zu sein.
Damit geht ein Dilemma einher. Einerseits ist es klar, dass Verhaltensänderungen Zeit benötigen, andererseits besteht die illusionäre Erwartungshaltung, dass Führung das quasi ab sofort vorlebt. Vor dem Hintergrund der

Bedeutung von Authentizität und Konsistenz von Verhalten und Haltung (vgl. Kroehl 2014, S. 31) hilft es zur Auflösung dieser Ambiguität einen möglichst offenen Umgang der Führungskräfte genau damit. In dem diese Ambiguität, die eigenen Erfolge aber auch Niederlagen offengelegt werden, findet implizit bereits Kulturentwicklung statt. Daher ist es aus unserer Sicht wichtig, dass sich Führungskräfte mit ihrem eigenen Anteil zur Veränderung bewusst auseinandersetzen (vs. ausblenden) und gleichzeitig nicht dem Selbstanspruch unterliegen, perfekt zu sein.

Wesentliche Verhaltensfehler von Führung nach Creasey und Hiatt sind in jedem Fall fehlendes persönliches Engagement, Vermeidung von direkter Kommunikation, Schwankungen bei Unterstützung, Bildung von Koalitionen.

• **Führungskommunikation:** im Kontext der Prozesskommunikation ist auf die grundsätzliche Relevanz der Kommunikation bereits eingegangen worden. Kommunikation ist das Hauptinstrument, um Widerständen zu begegnen, gleichzeitig im schlechten Fall auch ein wesentlicher Faktor für die Erhöhung von (ungewollten und destruktiven) Widerständen. Die Art der Kommunikation ist, ähnlich wie der o.g. Verhaltensaspekt, eng mit Kultur verzahnt und sollte von daher assoziativ mit der angestrebten Kultur in Verbindung gebracht werden. „Erfolgreich zu kommunizieren heißt, die richtigen Informationen zum richtigen Zeitpunkt an der richtigen Stelle mit der richtigen Intention in der richtigen Form zu kommunizieren" (Kostka & Mönch 2009, S. 63). Das Gelingen eines Change-Prozesses hängt damit maßgeblich vom Informationsfluss ab.

Ergänzend zur Prozesskommunikation gibt es besondere Aspekte, die direkt mit Führung in Verbindung gebracht werden. Dies sind vor allem:

- Sinnvermittlung: wie oben bereits angesprochen ist die Vermittlung des Sinns der Veränderung auf Basis einer differenzierten Betrachtung des Prozesses maßgeblich Führungsaufgabe.
- Zeitliche Konstanz der Inhaltsvermittlung: in der Praxis erleben wir häufig, dass Führungskräfte verwundert sind, wenn ihre Botschaften nicht angekommen sind, obwohl sie sie „doch gesagt haben". Es ist häufig nicht so klar, dass die zentralen Botschaften in einem Prozess über lange Zeiträume immer wieder zu wiederholen sind und zwar sowohl für neue als auch bereits involvierte Zielgruppen. Gerade kulturelle Botschaften, die auf Veränderungen von Haltungen zielen (z.B. Erlaubnisse), sind immer wieder gebetsmühlenhaft zu rekapitulieren. Damit ist Bewusstheit über diese Botschaften, die Anlässe zur Wiederholung und die damit verbundene Anstrengung erforderlich.
- Zuhören: wesentlicher Teil der Führungskommunikation ist zuhören. Es braucht jenseits der Alltagsbegegnungen auch entsprechende gezielte Formate, wo zuhören möglich ist. Während Führung häufig den Selbstanspruch hat, Antworten zu geben, kommt es gerade in Veränderungsprozessen darauf an, den Anteil des Zuhörens deutlich zu erhöhen.
- Beachtung geben: An dieser Stelle besonders hervorzuheben ist die Intervention von Feedback, die als Motor persönlicher Entwicklung

maßgeblich dazu beitragen kann, die kulturelle Entwicklung entlang sich verändernder Verhaltensweisen zu befeuern. Das Instrument macht allerdings nur dann Sinn, wenn die Führungskräfte bereit sind, sich darauf authentisch einzulassen (also verbunden mit dem ernsthaften Interesse an Rückmeldungen) und grundsätzlich soweit befähigt sind, dass sie auf der Haltungsebene Feedback wirklich durchführen können. Häufig wird dies zunächst durch externe Coaches ausgeglichen (vgl. Streich, 2013, S. 22), die aber mit der Zeit entbehrlich werden sollten.

- **Umgang mit Widerstand:** Zunächst ist es uns wichtig, die Konnotation von Widerstand zu erläutern. In den meisten Fällen wird Widerstand als etwas Negatives assoziiert. Gleichzeitig, wenn bspw. Widerstand gegen (totalitäre) Systeme geleistet wird, wird dies durchaus auch als positiv bzw. regulatives Element verstanden. In diesem Sinne empfehlen wir, sich diesem Thema zunächst neutral zu nähern und Widerstand zunächst als das zu begreifen, was es ist – ein natürliches Phänomen jedes Systems gegen eine Veränderung des Status Quo, der nicht als existenzgefährdend angesehen wird. Ein System versucht immer, den Ausgangszustand zu bewahren und es braucht entsprechend die Infusion von Energie in den Prozess, damit Bewegung entstehen kann. Dieser Energie wird eine entsprechende Energie entgegengesetzt, die je nach Art des Prozesses und der aktuellen Kultur bzw. der Zielsetzung sehr unterschiedlich auftritt, sowohl im Hinblick auf Intensität als auch Facettenreichtum der Ausprägung. Widerstände verweisen so oder so auf mögliche Defizite bei der Umsetzung und geben Hinweise auf Ansatzpunkte für Verbesserungsmöglichkeiten zum Prozess.

Im Sinne dieses Grundverständnisses ist auch hier die bewusste Auseinandersetzung und Entscheidung im Umgang mit Widerstand maßgebliche Führungsaufgabe. Auch hier wird vorbildhaft dargestellt, wie Widerstände auf Haltungsebene wahrgenommen werden und welche Beachtung bis zu Konsequenz Widerständen gegeben werden. Damit wirkt dies maßgeblich kulturgestaltend.

Um Widerstände zunächst zu verdeutlichen eignet sich das Modell des Allianzportfolios hervorragend (vgl. Lorenz 2014, S. 9).

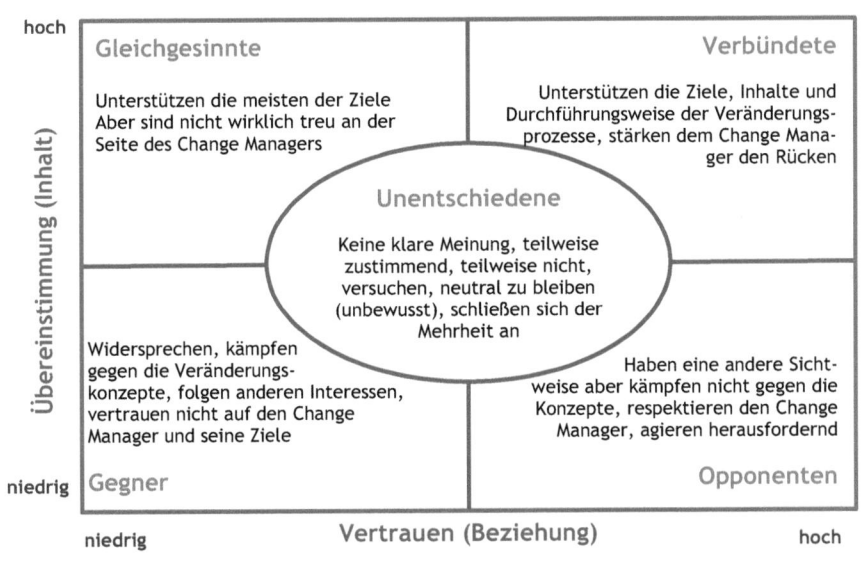

Abbildung 7: Allianzportfolio in Veränderungsprozessen (vgl. Lewin 1982)

Hier werden entlang der Achsen inhaltlicher Übereinstimmung und Vertrauen in die Verantwortlichen (Führung und ggf. auch Change Manager) fünf wesentliche Gruppen identifiziert: Verbündete, Opponenten, Unentschiedene, Gleichgesinnte und Gegner. Dies kann aus zwei Betrachtungsperspektiven interessant sein:

- Nutzung des Portfolios zum Eintragen von Schlüsselpersonen für den Prozess (dazu gehören vor allem auch informelle Führer)
- Nutzung als Verteilungskurve über die Belegschaft bzw. betroffenen Bereiche / Abteilungen

Abbildung 8: Allianzverteilung in Veränderungsprozessen (eigene Darstellung)

Wir erleben im Umgang mit Widerstand immer wieder den Mythos und Selbstanspruch von Führung „alle ins Boot zu holen", was häufig eher „alle aufs Boot zwingen" bzw. einen „Push"-Effekt bedeutet. Die Folge davon ist, dass viel Energie aufgewandt wird, um die Gleichgesinnten und vor allem die Gegner vom Sinn und Vorgehen des Veränderungsprozesses überzeugen zu wollen / zu müssen. Damit bleiben wiederum deutlich weniger Ressourcen bzw. Energie für die Verbündeten und Opponenten, meist konnotiert mit der Aussage, „diese stünden ja bereits dahinter". Aus unserer Sicht bedarf es aus Führungssicht ein genau diametral umgekehrtes Vorgehen, nämlich die Erzeugung eines „Pull"-Effekts. Das bedeutet:

- Primäre Energie maßgeblich auf die Verbündeten und Opponenten, gerne auch in Kombination, die darüber Einbindung, Beachtung und Initiative erfahren und vor allem die Unentschlossenen und auch Gleichgesinnte sukzessive im Sinne des Prozesses beeinflussen (vgl. Kraus et al. 2006, S. 77). Damit erzielt die Organisation eine deutlich höhere Wirksamkeit.

- Für die Unentschlossenen als in der Regel größte Gruppe ist im Sinne von effektiven Ressourcenmöglichkeiten vor allem die Prozesskommunikation relevant. Darüber werden kollektive Unsicherheiten abgebaut und die Tendenz zum Einlassen auf den Prozess verstärkt.

- Bei Gleichgesinnten ist es lediglich möglich, aber auch durchaus sinnvoll, bei Einzelpersonen anzusetzen mit Vertrauen bildenden Maßnahmen.

- Wir empfehlen, keine Energie auf die Gegner zu verwenden. Erfahrungsgemäß teilt sich diese Gruppe im Laufe eines Prozesses in vier Untergruppen auf. Diejenigen, die feststellen, dass das nichts mehr für sie ist und das Unternehmen verlassen. Diejenigen, die sich im Laufe des Prozesses zumindest zu Gleichgesinnten entwickeln. Diejenigen, die als Gegner verbleiben aber ohne destruktive Anteile nach wie vor professionell ihre Arbeit verrichten. Und diejenigen, die destruktiv und destabilisierend auf Andere wirken und damit immer wieder den Prozess konterkarieren. Hier ist es entsprechend Führungsaufgabe, wiederum in einem geteilten Verständnis festzulegen, wie mit diesen Personen umzugehen ist und inwieweit eine Organisation bereit ist, diese Menschen in der Organisation mitzutragen.

6. Zusammenfassung

Wir möchten mit diesem Artikel ungeachtet der Komplexität und Individualität all der unterschiedlichen Veränderungsprozesse einen Rahmen an die Hand geben, der helfen kann, gerade umfassender Prozesse zu orchestrieren und in einer Art aufzusetzen, die es mit der entsprechenden Befähigung erlaubt, dass sie nahtlos von der Beraterverantwortung in die Verantwortung der Organisation übergehen kann. Dieser Rahmen hilft uns gerade auch in der Auftragsklärung mit Kunden, weil häufig die Bedeutung der einzelnen Bausteine nicht vollumfänglich präsent ist und man sich anhand dieser Übersicht immer wieder verorten kann im Hinblick auf Adaption bzw. Weiterführung des Veränderungsprozesses.

Uns geht es dabei nicht um ein verordnendes Rezept sondern die Darstellung basaler Zusammenhänge, welche spezifisch kontextualisiert werden können. Es bietet quasi prozedurales Wissen, welches im Change Prozess mit deklarativen Wissen zu einem umfassenden Handlungswissen ergänzt werden kann. Damit wird die Organisation dazu befähigt, mit solchen Prozessen sukzessive effektiver umzugehen.

Literatur

Ameln, Falko von / Kramer, Josef (2007): Organisationen in Bewegung bringen: Handlungsorientierte Methoden für die Personal-, Team- und Organisationsentwicklung, Berlin und Heidelberg: Springer Medizin

Berne, Eric (1979): Struktur und Dynamik von Organisationen und Gruppen, München: Kindler

Berne, Eric (1998): Was sagen Sie, nachdem Sie „Guten Tag" gesagt haben? Psychologie des menschlichen Verhaltens, 14. Aufl. (1998), Frankfurt a.M.: Fischer

Creasey, Tim / Hiatt, Jeff (2008): Why change fails, in: Leadership excellence - the magazine of leadership development, managerial effectiveness, and organizational productivity, Vol. 25 (7), p. 18

Fatzer, Gerhard (2005): Institutions- und Systemdynamik der Supervision, in: Fatzer, Gerhard (Hrsg.) (2005): Supervision und Coaching. Ein Handbuch, 11. Aufl. (2005), Bergisch Gladbach: EHP Edition Humanistische Psychologie

Glasl, Friedrich & Lievegoed, Bernard C. J. (2011): Dynamische Unternehmensentwicklung: Grundlagen für nachhaltiges Change Management, 4. Aufl. (2011), Bern/ Haupt/ Stuttgart: Freies Geistesleben

Hay, Julie (2009): Transactional Analysis for Trainers, 2nd ed. (2009), Wildhill/ Broadoak End/ Hertford: Sherwood Publishing

Heitger, Barbara & Doujak, Alexander (2014): Harte Schnitte – Neues Wachstum. Wandel in volatilen Zeiten. Die Macht der Zahlen und die Logik der Gefühle im Change Management, 2. Aufl. (2014), München: mi-Wirtschaftsbuch

Houben, Anabel (2007): Veränderungen erfolgreich gestalten: repräsentative Untersuchung über Erfolg und Misserfolg im Veränderungsmanagement, gefunden unter: www.kellerconsulting.de/fileadmin/download/.../ManagementSummaryC4Change.pdf [zuletzt geöffnet: 07.08.2018]

IBM (2008): Making Change Work. gefunden unter: http://www-935.ibm.com/services/de/bcs/pdf/2009/ma-king_change_work.pdf [zuletzt geöffnet: 07.12.2017]

Kant, Immanuel (2017): Reflexionen zur Anthropologie, in: Handschriftlicher Nachlass. Anthropologie, S. 55-654, gefunden unter: https://korpora.zim.uni-duisburg-essen.de/kant/aa15/Inhalt15.html [zuletzt geöffnet: 08.12.2017]

Kleiner, Art /Roth, George L. (2005): Lerngeschichten von Organisationen. Wie sich Erfahrungen in der Firma besser nutzen lassen, in: Fatzer, Gerhard (Hrsg.) (2005): Nachhaltige Transformationsprozesse in Organisationen, Bergisch Gladbach: EHP Edition Humanistische Psychologie

Korpiun, Michael / Thiele, Martin (2018a): Beziehungsmacht – was Macht in Beziehungen macht, in: Korpiun, Michael / Lecour, Marion / Thiele, Martin (Hrsg.) (2018): Macht und Management. Die Ohnmacht der Macht und die Macht der Ohnmacht. BeziehungsRaumEreignis 2016, 2. Aufl. (2018), Hamburg: BooksonDemand, S. 15 - 49

Korpiun, Michael / Thiele, Martin (2018b): Relationale Organisationsentwicklung, in: Franzen, G. (Hrsg.): Relationalität – Festschrift zum 70. Geburtstag von Matthias Sell, 1. Aufl. (2018), S. 141-163

Kostka, Claudia / Mönch, Annette (2009): Change Management. 7 Methoden für die Gestaltung von Veränderungsprozessen, 4. Aufl. (2009), München: Carl Hanser

Kotter, John P. (1996): Leading change, Boston/ Mass.: Harvard Business School Press

Kotter, John P. (2015): Accelerate: strategischen Herausforderungen schnell, agil und kreativ begegnen, München: Franz Vahlen

Kraus, Georg/ Becker-Kolle, Christel / Fischer, Thomas (2006): Handbuch: Change Management. Steuerung von Veränderungsprozessen in Organisationen. Einflussfaktoren und Beteiligte. Konzepte, Instrumente und Methoden. Berlin: Cornelsen.

Kroehl, Rixa Regina (2014): Change Management. Veränderungsinitiativen erfolgreich steuern, Konstanz und München: UVK Verlagsgesellschaft

Krüger, Wilfried (2006): Excellence in Change: Wege zur strategischen Erneuerung, 3 Aufl. (2006), Wiesbaden: Gabler

Kübler-Roß, Elisabeth (1983): Interviews mit Sterbenden, Stuttgart: Kreuz-Verlag

Lambertz, Mark (2016): Freiheit & Verantwortung für intelligente Organisationen. Das Modell für lebensfähige Systeme nach Stafford Beer, Düsseldorf: Mark Lambertz

Lencioni, Patrick M. (2014): Die 5 Dysfunktionen eines Teams, Weinheim: Wiley-VCH

Lewin, Kurt (1963): Feldtheorie in den Sozialwissenschaften: ausgewählte theoretische Schriften, Bern: Huber

Lewin, Kurt (1982): Protagonists and antagonists of a change process, in: Kamphaus Van, V. personal reporting

Mohr, Niko/ Woehe, Jens Markus (1998): Widerstand erfolgreich managen: Professionelle Kommunikation in Veränderungsprojekten, Frankfurt a.M.: Campus Verlag

Roethlisberger, Fritz J. (1946): Management and the worker: an account of a research program conducted by the Western Electric Company, Hawthorne Works, Chicago, Cambrindge, Mass.: Harvard University Press

Rosselet, Claude (2010): Management macht Sinn: Organisationsaufstellungen in Managementkontexten Heidelberg: Carl-Auer

Schiff, Jacqui Lee (1975): Cathexis Reader. Transactional Analysis Treatment of Psychosis, New York/ Evanston/ San Francisco/ London: Harper & Row

Sell, Matthias (2009): Beziehungsformen als Element konsequenter transaktionaler Denkweise, in Zeitschrift für Transaktionsanalyse (ZTA), H. 2, Jg. 2009, S. 108-115

Senge, Peter M. (2011): Die fünfte Disziplin. Kunst und Praxis der lernenden Organisation, 11 Aufl. (2011), Stuttgart: Schaeffer-Poeschel

Stock-Homburg, Ruth (2008): Personalmanagement: Theorien, Konzepte, Instrumente, Wiesbaden: Gabler

Stolzenberg, Kerstin/ Heberle, Krischan (2013): Change Management. Veränderungsprozesse erfolgreich gestalten – Mitarbeiter mobilisieren. Vision, Kommunikation, Beteiligung, Qualifizierung, 3. Aufl. (2013) Berlin und Heidelberg: Springer

Streich, Richard K. (1997): Veränderungsprozeßmanagement. in: Reiß, Michael / von Rosenstiel, Lutz / Lanz, Anette (Hrsg.) (1997): Change-Management. Programme, Projekte und Prozesse, Stuttgart: Schaeffer-Poeschel. S. 237-254

Streich, Richard K. (2013): Fit for Leadership. Entwicklungsfelder zur Führungspersönlichkeit, Wiesbaden: Springer

Thiele, Martin/ Korpiun, Michael (2016): Wie Beziehungskompetenzen die Entwicklung von Kultur und damit Organisationen prägen, in: Raeck, Hanne / Lohkmap, Luise (Hrsg.): Tore und Brücken zur Welt. Willkommen in bewegten Zeiten, Lengerich: Pabst Science Publishers, S. 400 – 416, zu finden unter: https://www.in-stability.de/_.../Beziehungskompetenzen_und_Organisationskultur.pdf [zuletzt geöffnet: 07.08.2018]

Weber, Gunthard (2000): Praxis der Organisationsaufstellungen. Grundlagen, Prinzipien, Anwendungsbereiche, Heidelberg: Carl-Auer-Systeme

Wellensiek, Sylvia Kéré / Galuska, Joachim (2014): Resilienz. Kompetenz der Zukunft. Balance halten zwischen Leistung und Gesundheit, Weinheim und Basel: Beltz

Wimmer, Rudolf (1999): Wider den Veränderungsoptimismus. Zu den Möglichkeiten und Grenzen einer radikalen Transformation von Organisationen, in: Soziale Systeme Vol. 5. 1. S. 159-180

Entwicklungsarbeit mit
Organisationen

03

*Martin Thiele, Michael
Korpiun*

Ebenen von Entwicklungs- und
Veränderungsprozessen

Ebenen von Entwicklungs- und Veränderungsprozessen

Martin Thiele, Michael Korpiun

Zusammenfassung

Der folgende Artikel filtert vier essenzielle Ebenen von Organisationen (Einstellungen, Verhaltensweisen, Strukturen und Ziele), deren Berücksichtigung einen erheblichen Einfluss auf das gelingen von Veränderungsprozessen haben, heraus. Das hier vorgestellte Modell zeigt diese Ebenen auf und verdeutlicht, wie diese ineinander verschränkt sind und sich gegenseitig bedingen und letztlich eine Art „Bewusstsein einer Organisation" bilden. Zunächst wird eine kurze Verortung und Definition von organisationalen Veränderungsprozessen vorgenommen (1). Dann wird das Modell vorgestellt (2) und die daraus ableitbaren Herausforderungen (3). Abschließend wird anhand des Modells beschrieben, wie auf ebendiese Herausforderungen entsprechend eingegangen werden kann (4). In der Zusammenfassung (5) werden dann noch einmal die wichtigsten Punkte aufgegriffen und anhand eines Schaubildes in konzentrierter Form dargestellt.

> *„Handlung muss durch Haltung begründet sein."*
> Herrhausen 2004, S. 96

59

1. Kurze Verortung und Definition

Entwicklungs- und Veränderungsprozesse in Organisationen sind vielfältig und komplex. Die Unterschiedlichkeit gestaltet sich anhand

- der Art und Intensität der Veränderungsnotwendigkeit
- den jeweiligen Fähigkeiten der Organisation im Umgang mit Veränderungsprozessen
- der inhaltlichen und kulturellen Disposition
- sowie der Zielsetzung der Organisation.

Entsprechend unterschiedlich ist die konkrete Ausgestaltung eines jeden Transformationsprozesses sowohl in der Orchestrierung als auch in den zu nutzenden Interventionen und deren Abfolge.

Das im Folgenden dargestellte Modell stellt die unterschiedlichen Ebenen von Entwicklungen in Organisationen dar und zeigt dabei den „vielschichtigen" und verschränkten Zusammenhang von organisationalen Gegebenheiten und Gestaltungsmöglichkeiten von Veränderungsprozessen auf. Überdies besitzt das Modell, unabhängig von jeweiliger Art und Strukturierung eines Prozesses, eine prinzipielle Relevanz und eröffnet die Möglichkeit, grundlegende Aussagen über die Gestaltung von Entwicklungs- und Veränderungsprozessen zu treffen. Hierbei ist zu berücksichtigen, dass die einzelnen Ebenen miteinander verwoben und z.T. schwer voneinander abzugrenzen sind. Es ist jedoch sinnvoll, diese theoretisch voneinander zu unterscheiden, um ein deutliches Verständnis für mögliche Störfaktoren und Ansatzpunkte von Veränderungsprozessen auszumachen. Zunächst werden die einzelnen Ebenen vorgestellt, um in einem weiteren Schritt die daraus implizierten Herausforderungen zu veranschaulichen und schließlich einen Verweis auf einen möglichen Umgang mit diesen zu leisten.

60

2. Darstellung des Grundmodells

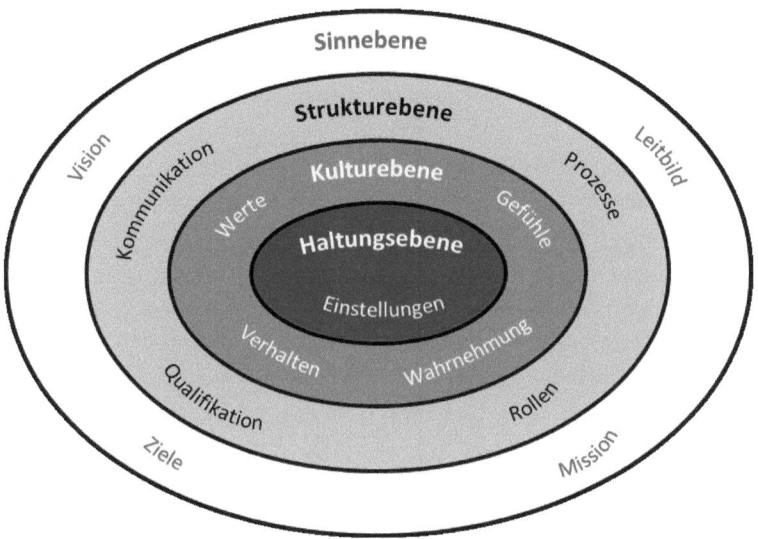

Abbildung 1: Grundmodell der Ebenen von Entwicklungs- und Veränderungsprozessen.

Die Ebenen benennen wir wie folgt von außen nach innen: (1) Sinnebene, (2) Strukturebene, (3) Kulturebene und (4) Haltungsebene. Dabei wird in Rückbezug auf Herrhausens Diktum deutlich: alle anderen Ebenen rekurrieren auf die Haltungsebene. Wie diese miteinander und mit anderen Ebenen verbunden sind und wie diese sich zueinander verorten lassen, wird im Folgenden näher dargestellt:

- "Sinnebene": Die Sinnebene ist die äußerste Ebene des Modells. Auf dieser sind die Sinnhaftigkeit (Purpose, Why, Zweck) (vgl. Sinek 2011, Laloux 2015), die damit verbundene Mission und Vision sowie die Ziele des Entwicklungs-

und Veränderungsprozesses beschrieben. Die Sinndimension gewinnt aktuell vermehrt an Bedeutung. Eine alleinige Ausrichtung an Zielen von Organisationen wird oft nicht mehr als hinreichend angesehen, um Mitarbeiter zu motivieren oder gesellschaftliche Anspruchsgruppen hinsichtlich des unternehmerischen Handelns zu überzeugen. Ein Ziel kann in unterschiedlicher Form, bspw. als Leitbild oder in dessen ausdifferenzierten Zielbestandteilen beschrieben sein. Bleicher geht davon aus, dass die erhöhte Komplexität von Organisationen eine Verunsicherung hervorruft, welcher mit Sinnstiftung beigekommen werden kann (vgl. Bleicher 1994, S. 11). Unterdies ist es für den gesamten Prozess von hoher Relevanz, dass in diesem Zusammenhang ein von der/n Führungsebene/n geteiltes Bild zum zukünftigen Zustand der Organisation beschrieben wird, um die Orientierung der gesamten Organisation zu fördern (vgl. Kraus et al. 2006, S. 151 vgl. Artikel in diesem Band: „Ein Leitbildmodell zur praktischen Anwendung in Workshops" S. 81-111).

Die Anschaulichkeit von Zielen verschafft den einzelnen Bestandteilen einer Organisation Klarheit über ihre eigene Verortung, Funktion und Bedeutung (vgl. ebd.). Sinnerschließung benötigt Zusammenhänge (vgl. Kettner 2014, S. 1076) und verdeutlicht damit den starken Vernetzungscharakter von „Sinn" und dessen Kohärenzbedarf mit anderen Ebenen.8 Ist Mitarbeitenden ein Sinn deutlich, so können diese ermitteln ob diese mit bisherigen kollektiven und individuellen Sinnkonstruktionen

---

8 Aus psychologischer Sicht ist Sinn nichts anderes, als die Herstellung von Beziehungen (vom Selbst zur Umwelt und von Objekten in der Umwelt untereinander).

übereinstimmen. Überdies können sie motiviert sein und ihr Verhalten adäquat und reflexiv gestalten (vgl. Artikel „Ein Leitbild zur praktischen Anwendung in Workshops" in diesem Band S. 81-111). Über gemeinsame Ziel-Diskurse in Teams und Gremien kann das „Emergenzpotential" erhöht werden, welches zu einer „Ko-Reflexivität" (Petzold 2007, S. 284) und damit „sinnvollem", kreativem, innovativem, zielgerichtetem und in den Gesamtzusammenhang eingebetteten Verhalten führt.

Die praktische Erfahrung zeigt, dass in vielen Fällen lediglich vage oder zumindest nicht ausreichend präzise formulierte Vorstellungen zu Beginn eines Prozesses bestehen. Darüber hinaus stellen wir wiederkehrend fest, dass diese Vorstellungen - beginnend bereits in der ersten Führungsebene, wie Vorstand oder Geschäftsführung - keine wirklich geteilten sind.

Der Überbegriff Sinn steht etymologisch für „Reise", „Weg" bzw. „eine Richtung einschlagen" (vgl. Duden Herkunftswörterbuch 2007, S. 770) und verweist damit nicht ausschließlich auf das Ziel an sich, sondern einen mit einem Ziel zusammenhängenden Prozess. Ein weiterer Aspekt der Sinnebene ist daher die Strategie. Dieser ist inhaltlich vom Zielbegriff abzugrenzen: das Ziel beschreibt einen konkreten Endzustand, wohingegen mit Strategie (altgr.: Feldherrenkunst, vgl. Duden Herkunftswörterbuch 2007, S. 819) die Planung der Vorgehensweise zur Erreichung des Ziels bezeichnet wird. Hierbei ist zu berücksichtigen, dass Strategie lediglich eine Handlungsanleitung, nicht jedoch die konkrete Umsetzung meint.

Daraus wird bereits ersichtlich, dass eine bloße Sinnstiftung - wenngleich diese essentiell ist - nicht hinreichend ist und weitere Ebenen zu berücksichtigenden sind.

- „Strukturebene": die zweite Ebene ist die "Strukturebene". An dieser Stelle sind alle strukturbezogenen Aspekte von Entwicklungs- und Veränderungsprozessen verankert. Dazu gehören vor allem die Aufbauorganisation,
die Prozesse, die damit verbundenen Rollen und Verantwortlichkeiten, neue Kommunikations-, Gremien- und
Entscheiderstrukturen sowie gezielte - meist fachlich de-
terminierte - Qualifikationsmaßnahmen. Diese Ebene be-
zeichnen wir gelegentlich auch als "direkt managerial zu-
gängig", da sie mehrheitlich den technisch bzw.
betriebswirtschaftlich zu verortenden Führungskräften
leicht zugänglich ist. In Ausbildungszusammenhängen
werden bis heute vor allem die strukturellen Aspekte mit
Organisationsentwicklung oder Transformationsprozessen
gleichgesetzt. In Veränderungsprozessen geschieht es
entsprechend häufig, dass diese - naheliegenden - Aspekte als erstes bearbeitet werden. Besondere Berücksichtigung findet hierbei die Aufbauorganisation. Wir begegnen häufig dem Denken, dass strukturelle Anpassungen
von Organisationen maßgeblich für den Erfolg eines solchen Prozesses seien. Natürlich können sich strukturelle
Gegebenheiten gegenüber definierten Zielen durchaus
querlegen und die Umsetzung von sinnstiftenden Anpassungen blockieren und sind daher basaler Bestandteil von
Veränderungsprozessen. Strukturelle Veränderungen
überzeugen häufig durch ihren expliziten Charakter, ihre
Anschaulichkeit und Festigkeit bzw. dem unmittelbaren
Gefühl „etwas verändert zu haben". Die tatsächliche Relevanz wird hier jedoch häufig zu hoch bewertet bzw. es
wird an vielen Stellen sichtbar bspw. nach strukturellen
Veränderungen, dass diese nicht „gelebt werden" auch
wenn alle entsprechenden Maßnahmen dafür angemessen
umgesetzt wurden. Dies deutet bereits darauf hin, dass

strukturelle Veränderungen nur für sich genommen zu kurz greifen bis gar keine gewünschte Wirkung entfalten.

- "Kulturebene": Laut Gabler Wirtschaftslexikon meint Organisationskultur ein „[...] System gemeinsam geteilter Muster des Denkens, Fühlens und Handelns sowie der sie vermittelnden Normen, Werte und Symbole innerhalb einer Organisation" (Schewe 2017). Daraus wird im Übrigen ersichtlich, dass die Ebene der Haltungen und Einstellungen bereits in dieser Dimension enthalten sind. Zur Analyse von Veränderungsprozessen und den jeweiligen Wechselwirkungen untereinander, ist es aus unserer Sichtsinnvoll, diese als einzelne Dimensionen zu betrachten. Einstellungen und Haltungen erhalten auf Ebene der Kultur ihren Ausdruck (vgl. Gerrig & Zimbardo 2008, S. 16). Zur Ebene der Kultur gehören hier daher insbesondere Wahrnehmung Verhalten und Gefühle, die teilweise beobachtbar und damit auch eher einer Reflexion zugänglich sind (vgl. Petzold 1990, S. 23). Die Kulturebene ist die Aushandlungsarena, in der individueller und kollektiver Sinn (Ausdruck von Bedeutungszusammenhängen vgl. Casale 2009, S.52 und Identitätsstiftung vgl. Schuler 2007, S. 651 sowie Petzold 1990, S. 23) sowie individuelle und kollektive Haltungen (neu) ausgehandelt und überdies zur Realität werden. Auf der Kulturebene werden Veränderungsprozesse zu einer gemeinsamen „Wirk-"lichkeit. Die Wahrnehmung aller Beteiligten wird durch Handlungen in Rückkopplung auch zu Haltungen und umgekehrt maßgeblich geprägt. Überdies stabilisieren sich bestimmte Ausprägungen einer Kultur (vgl. „kulturelle Brille"). Im Rahmen von Entwicklungsprozessen reagiert die Kulturebene daher eher träge und ist vor allem strukturellen Veränderungen gegenüber unempfindlich (vgl. Kraus et al. 2006 S.

144). Dies bringt jedoch eine Wertkonstanz (vgl. Haltungsebene) hervor, welche zu einer prinzipiell wünschenswerten Reliabilität von Organisationen führt. Beide Faktoren der Organisationskultur - Flexibilität und Statik - sind daher essenziell (vgl. Kraus et al. 2006, S. 144).9 Im Rahmen von Veränderungsprozessen macht die Ebene der Organisationskultur daher eine wichtige Komponente aus.

Wird die Kulturebene als Wahrnehmen, Fühlen und Verhalten subsumiert, so lässt sich festhalten, dass in dieser Ebene die Beziehungen der Menschen innerhalb einer Organisation zu verorten sind bzw. sich diese Ebene wiederum aus Beziehungen formiert.

Unsere Erfahrung ist, dass zwar häufig eine Bewusstheit in Veränderungsprozessen über die Relevanz dieser Ebene besteht, aber im Gegensatz zur Strukturebene Führungskräften ein Zugang fehlt, auf welche Weise diese Ebene konkret zu bearbeiten ist. Häufig verbleibt es dann bei einer eher kognitiv geprägten Beschreibung auf Verhaltensebene (Leitsätze), ohne eine tatsächliche Verankerung, praktische Umsetzung und längerfristige Evaluation. Eine Annäherung an die Kulturebene kann lediglich über eine Berücksichtigung der Haltungsebene umfassend gelingen.

- "Haltungsebene": hier sind die individuellen und damit auch kollektiven Einstellungen und Haltungen der Menschen in der Organisation gemeint. In der Management-Terminologie wird hierfür häufig der Begriff "Mindset" verwendet (Culbert 1996, Hruby 2014), welcher letztlich Mentalität und damit Denk- und daraus resultierend Verhaltensmuster meint. Diese wirken sich wiederum auf die

---

9 Vgl. Lewin: Unfreeze - Change - Freeze (vgl. ebd. 1963, S. 262).

jeweiligen Beziehungsgestaltungsweisen aus, zeigen sich damit vornehmlich auf der kulturellen Ebene und formen die Wahrnehmung und Umgang (-sregeln) mit der Umwelt. Haltungen und Einstellungen konstituieren sich (wechselseitig) aus der Trias Verhalten, Wahrnehmungen und Emotionen (vgl. ABC-Model of Attitude von Bem 1974). Ferner werden Haltungen und Einstellungen auf der kulturellen Ebene, also im Rahmen von Beziehungen, validiert oder modifiziert.

Während die Kulturebene i.d.R. wie oben beschrieben noch einen (teil-)bewussten Umgang durch den Austausch über eigenes und beobachtbares Verhalten und Wahrnehmungen, ermöglicht, ist diese Ebene weitgehend unbewusst und bedarf eines anderen reflexiven Zugangs, um sich dieser Anzunähern. Aus den hier und unter dem Punkt der kulturellen Ebene beschriebenen Aspekten geht hervor, dass Haltungen und Einstellungen die Ausgangsbasis für die Gestaltung von Beziehungen - also die Charakteristik der Kulturebene und Strukturebene – bilden. Daher ist eine Verankerung der Unternehmensziele auch auf der Haltungebene unabdingbar. Wir erleben in der Praxis, dass in Entwicklungs- und Veränderungsprozessen eine intuitive Bewusstheit bei den Menschen in der Organisation besteht, dass sich hier etwas ändern müsse (im Sinne "Umparken im Kopf") aber noch mehr als auf der Kulturebene fehlen Erfahrung und Wissen im Umgang hiermit.

3. Aus dem Modell resultierende Herausforderungen für Organisationsentwicklung

Wir erleben bei der Diskussion des Modells in Organisationen ein schnelles Verständnis für die Tatsache, dass sämtliche Ebenen für einen Entwicklungs- oder Veränderungsprozess von maßgeblicher Bedeutung sind. Aus obiger Beschreibung wurde bereits ersichtlich, wie unterschiedlich die Zugänge zu den verschiedenen Ebenen in der Praxis sind. Folgende wesentliche Aspekte verändern sich graduell von der äußeren (Sinnebene) zur inneren Ebene (Haltungsebene):

- *die "Viskosität" der Veränderung:* generell sind Ziele und Strategien häufig mit einem vertretbaren Aufwand in einem überschaubaren Zeitrahmen erarbeitbar. Die Umsetzung struktureller Maßnahmen erfordert, daran gemessen wie umfangreich bspw. damit verbundene Personalmaßnahmen ausgeprägt sind, demgegenüber mehr Zeit und Aufwand. Kulturelle und damit verbundene Verhaltensänderungen bedürfen wiederum einer deutlich längeren Zeit, um sich nachhaltig zu entwickeln. Die korrespondierende Haltungsebene im Sinne der Veränderung innerer und kollektiver Bilder von Menschen (vgl. Korpiun & Thiele 2016) stellt hierbei eine ganz eigene Dimension dar, die sich auch in ihrer Zugänglichkeit anspruchsvoller gestaltet. Die Einflussnahme bzw. der Veränderungsprozess gestaltet sich somit zur expliziten Sinn- und Strukturebene hin fluider und zur impliziten Kultur- und Haltungsebene hin zäher.
- *die „Zugänglichkeit" der Beteiligten:* die Zielebene zu erarbeiten ist den meisten Führungskräften in Organisationen im Rahmen ihrer Ausbildung vertraut. Gegebenenfalls werden hier auf inhaltlicher Ebene Fachberater unterstützend engagiert. Die Umsetzung auf der

strukturellen Ebene ist ebenfalls gängig, wobei Führungskräfte ohne eigene Erfahrung aus unserer Kenntnis auch
auf dieser Ebene Schwierigkeiten haben können, Veränderungen erfolgreich umzusetzen. Der Umgang mit der
Kulturebene und noch vielmehr mit der Haltungsebene
ist in der Regel nicht geläufiger Grundbestandteil einer
Qualifizierung von Führungskräften. Darüber hinaus fehlen vielen Führungskräften vor allem die praktischen
Kenntnisse, mit gerade diesen Ebenen im Rahmen von
unterschiedlichen Arten von Veränderungsprozessen umzugehen. Eine differenzierte Klärung zur Praxis der Entwicklung und Modifikation von Haltungen und Kultur ist
hierfür notwendig (vgl. Schuler 2007, S. 281).

- *die „Verbindlichkeit" und „Nachhaltigkeit" der Umsetzung:* die Zielebene hat lediglich einen deskriptiven und
  keinen Umsetzungscharakter. Die Strukturebene gestaltet sich bereits anders - gleichwohl ist die Verbindlichkeit und Nachhaltigkeit hier häufig eingeschränkt. In der
  Praxis ist immer wieder erlebbar, dass strukturelle Veränderungen verhältnismäßig schnell angepasst oder sogar
  verworfen werden, was für die Organisation in Summe
  sogar kontraindiziert sein kann. Wenn im Verhalten eine
  Veränderung erfolgt, besitzt diese einen deutlich nach-
  haltigeren Charakter. Sie ist jedoch eingeschränkt, sofern es sich hierbei lediglich um eine Anpassungsleistung
  handelt und keine adäquate Modifikation auf der Haltungsebene erfolgt (vgl. Schuler 2007, S. 152). Wenn es
  zu einer Angleichung kommt, kann umgekehrt ein hohes
  Maß an Kohärenz zwischen den Ebenen – ausgehend von
  der Haltungsebene - entstehen und von größtmöglicher
  Verbindlichkeit und Nachhaltigkeit ausgegangen werden.

4. Grundlegende Gestaltungsmöglichkeiten von Entwicklungs- und Veränderungsprozessen

Wenn wir uns diese Aspekte noch einmal im Hinblick auf die Gestaltung solcher Prozesse vor Augen führen, dann impliziert dies folgende Frage: wie muss ein Entwicklungs- oder Veränderungsprozess grundsätzlich aufgesetzt werden, um - im Sinne von nachhaltig - so effektiv und wirksam wie möglich zu sein?

Dazu zunächst eine weitere Beobachtung aus der Praxis: Uns begegnet häufig eine Dualität bzw. Trennung im Denken sowie im Handeln von einerseits Führungs- und Unternehmenskultur und andererseits der wirtschaftlichen bzw. inhaltlichen Ausrichtung und Zielsetzung. Während sich auf der hoch aggregierten Zielebene von Vision, Mission, Strategie oder Leitbild durchaus noch beide Aspekte wiederfinden können, werden diese auf den konkreteren Ebenen der Steuerung von Organisationen getrennt behandelt. Gleichzeitig ist sowohl in vielen Studien nachvollzogen als auch in der Praxis beobachtbar, dass das Scheitern strategischer Vorhaben oder komplexer Projekte nicht an inhaltlichen Herausforderungen oder per se fehlender Fachqualifikation liegt, sondern eher am Mangel der sogenannten "weichen" Faktoren (vgl. Roethlisberger et al. 1946; Gattermeyer & Al-Ani 2000, S. 76f; Houben 2007, S. 7 f.; IBM 2008, S.4; Kegan & Lahey 2009; Ashkenas 2013; Haidary 2016).

Aus den bisher beschriebenen Aspekten und Zusammenhängen geht hervor, dass es notwendig ist, im Verlauf eines Entwicklungsprozesses die unterschiedlichen Ebenen integriert miteinander zu verändern, so dass diese miteinander und zueinander entwickeln können und sich nicht gegenseitig behindern. Eine alleinige Entwicklung auf der Sinnebene, z.B. die appellative Einführung einer neuen Verhaltensregel bei einer gleichzeitig unverändert bleibende Haltungsebene führen zu einer

Schieflage und darüber zu einem „Zurückspringen" der neuen Regelung in die ursprüngliche übergeordnete Regel (vgl. Willke 1996, S. 74f.). Z.B. wird eine explizite neue Regel „offenes Feedback" (Sinn-/Strukturebene) durch die alte implizite Regel „andere nicht kritisieren" (Kultur-/ Haltungsebene) unterlaufen (vgl. König & Volmer 2014, S. 150).

Wir stellen immer wieder fest, dass ein Erfolg im Sinne von wirksamer Veränderung bzw. Entwicklung und damit einer wirklichen Erreichung der Zielebene NUR über eine adäquate Modifikation auf der Haltungsebene erfolgen kann. Dies geht bereits deutlich aus der Beschreibung der einzelnen Ebenen hervor. Unabhängig von der Art der Ausgestaltung der Zielebene verweist diese stets auf einen Entwicklungsimpuls der Kultur und damit der inneren Haltungen. Entsprechend steht Kulturentwicklung nicht für sich, quasi als Selbstzweck, sondern auch sie ist stets an organisationale Ziele geknüpft, die damit erreicht werden sollen, auch wenn es sich dabei „lediglich" um eine erhöhte Motivation handelt. Wenn in einer apathischen Kultur mit gering ausgeprägter Eigeninitiative neue Märkte erschlossen werden sollen und diese neuen Organisationseinheiten in der Führungseben mit Expats der Muttergesellschaft besetzt werden, ist es nicht verwunderlich, dass die Wachstums- und Umsatzziele nicht erreicht werden. Wenn in einer Organisation mit starken informellen Beziehungen eine Matrixstruktur umgesetzt werden soll, um der wachsenden Komplexität des Geschäfts Rechnung zu tragen, ist es ebenso zu vermuten, dass diese nicht mit Leben gefüllt wird. So offensichtlich das hier erscheinen mag, sind diese in Teilen eher unbewussten Zusammenhänge im System selber nicht klar bzw. die Aspekte zu Kultur und Haltungen werden nicht miteinander verknüpft.

Entsprechend sind wir darauf aufbauend davon überzeugt, dass es bei Entwicklungs- und Veränderungsprozessen, vor allem bei denen, die eine tendenziell grundsätzliche Neuausrichtung zum Inhalt haben, darauf ankommt, die strukturelle und die kulturelle Ebene <u>integral</u> zu bedenken und die Interventionen so auszurichten, dass im Vorhinein und in der konkreten Interventionsplanung und -umsetzung beide Aspekte angemessen berücksichtigt bzw. "simultan" bearbeitet werden. An obigem Beispiel der Einführung einer Matrixorganisation wären also neben der strukturellen Bearbeitung (Wie strukturieren wir die Matrix?, Wie werden Verantwortlichkeiten zugeordnet?, wie sehen Entscheidungsprozesse aus? Usw.) genauso kulturelle Fragestellungen (Was ändert sich in der Art der Zusammenarbeit? Was bedeutet das konkret für uns in den Arbeitsbeziehungen? Wie geht es uns damit? Welche Verhaltensweisen werden dadurch eher bestärkt/gefördert? Was brauchen wir, um diesen Prozess mitzugestalten und zu unterstützen? usw.) mit Interventionen zu bearbeiten.

Veränderung von Zielen, Aufgaben, Prozessen, Strukturen, Kommunikation, Qualifikation etc. als Stimulation des Beziehungssystems

strukturelle Ebene

kulturelle Ebene

Entwicklung von Haltungen, Einstellungen, Verhalten, Beziehungsformen und -mustern, Führung etc. als Stimulation der Organisationsstruktur

Abbildung 2: Die simultane Bearbeitung von struktureller und kultureller Ebene.

Nur eine integrative Arbeit an beiden Ebenen kann dazu führen, dass sich auch auf der Haltungsebene Veränderungen entwickeln können. Zweifellos - und dies wird auch durch die Anordnung der "Schalen" illustriert - ist es nicht möglich, die Haltungsebene von der Sinnebene ausgehend zu erreichen OHNE die Struktur- und Kulturebene zu berücksichtigen.

Die integrale Bearbeitung von Struktur und Kultur greift als praktischer Ansatzpunkt, da diese beiden Ebenen die Materialisierung ihrer jeweiligen nächsten abstrakten Ebene darstellen. Die Strukturebene ist die Verkörperung der Zielebene in der Wirklichkeit und die kulturelle Ebene die Repräsentation der Haltungsebene in der Wirklichkeit (vgl. Kap.1).

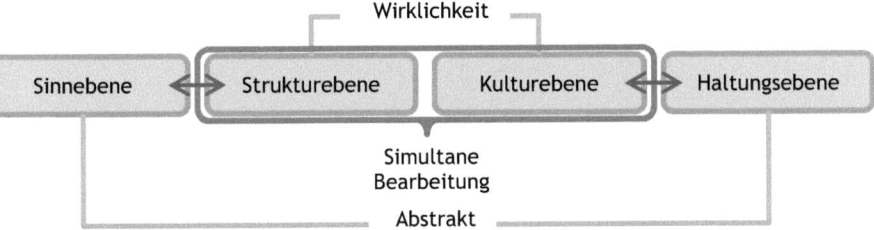

Abbildung 3: Die Zielebene und Haltungsebene können im Rahmen von Veränderungsprozessen nur über die Bearbeitung ihrer jeweiligen Repräsentationen in der Wirklichkeit verlinkt und in einen kohärenten Zusammenhang gebracht werden.

Die Kombination beider Repräsentationsebenen ermöglicht einen Zugang von der Zielebene hin zur Haltungsebene. Wenn wir diese beiden Aspekte zusammenfassen, dann ergibt sich folgendes Bild:

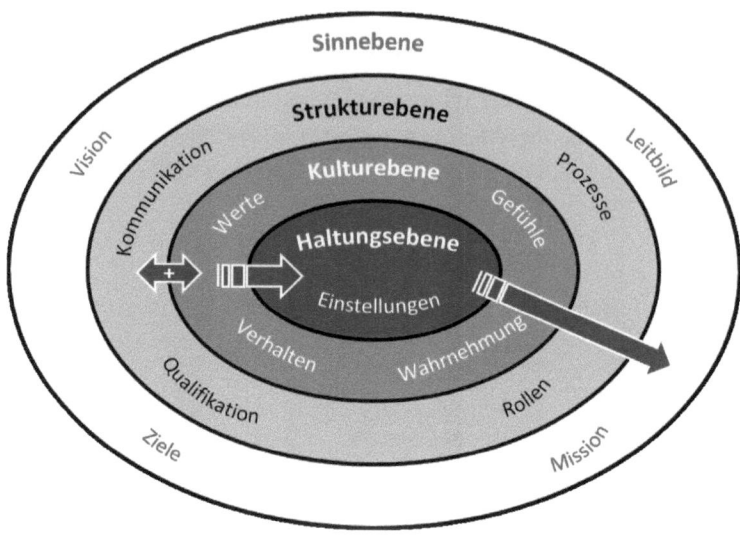

Abbildung 4: Die Wirkung integrativer Interventionen.

Aus unserem Verständnis führt nur die <u>integrative</u> Arbeit an der strukturellen und der kulturellen Ebene zu einer sukzessiven Veränderung der Haltungen und Einstellungen, was wiederum die nachhaltige Zielerreichung der Organisation trägt. Wenn wir also Entwicklungs- und Veränderungsprozesse aufsetzen, berücksichtigen und arbeiten wir entlang dieses Grundverständnisses.

Abschließend ist uns hierzu noch folgende Anmerkung wichtig: es gibt gelegentlich Gespräche mit oberen Führungskräften, die die Ansicht vertreten, die eigenen Führungskräfte seien gut ausgebildet und müssten qua Qualifikation und Rolle daher in der Lage sein, solche Prozesse eigenverantwortlich zu gestalten und zu strukturieren. Aus den obigen Anmerkungen wird unseres Erachtens deutlich, dass dies ein Mythos ist. Natürlich gibt es

Führungskräfte, die über signifikante psycho-soziale Qualifikationen und vielfältige Erfahrungen mit Entwicklungs- und Veränderungsprozessen verfügen. Gleichwohl ist dies eher die Ausnahme als die Regel. Dies begründet die Sinnhaftigkeit, sich - gerade zu Beginn eines Prozesses - diese notwendige Expertise anzueignen. In unserem Beratungsverständnis geht es darum, die Menschen in den Organisationen, mit denen wir arbeiten, zu befähigen und uns als Berater sukzessive obsolet zu machen. Eine beziehungsorientierte Arbeit mit den Führungskräften in solchen Prozessen erlaubt gerade diese Befähigung, so dass diese zukünftig besser gewappnet sind, mit solchen Prozessen eigenverantwortlich umzugehen (vgl. Korpiun & Thiele 2016, Korpiun et al. 2018).

5. Zusammenfassung

Das vorliegende Modell ermöglicht die Erfassung verschiedener Ebenen, welche für Veränderungsprozesse in Organisationen relevant sind. Zudem bietet es ein Verständnis darüber, wie diese miteinander vernetzt und zu bearbeiten sind.

Die abnehmende Fluidität von der Zielebene bis hin zur Haltungsebene stellt hierbei eine besondere Herausforderung für Veränderungsprozesse dar. Diese gehen mit einer abnehmenden Zugänglichkeit der Beteiligten - von der Sinnebene ausgehend, hin zur Haltungsebene – einher. Gleichzeitig müssen die verschiedenen Ebenen insgesamt ein bestimmtes Maß an Kohärenz wahren, damit Ziel und Haltung nicht in ein Ungleichgewicht geraten und drohen, auseinanderzufallen. Vor allem die Abhängigkeit der Erreichung von Unternehmenszielen von der Haltungsebene und eben die Abwesenheit praktischer Kenntnisse zur Handhabung dieser treten hierbei signifikant hervor. Handlung und Einstellung sind physiologisch-kognitiv und emotional eng ineinander verknüpft und daher schwer zugänglich. Wird die Haltungsebene im Rahmen von Veränderungsprozessen durchdrungen, so haben diese Entwicklungen, der Viskosität und Zugänglichkeit gegenläufig, die höchste Nachhaltigkeit.

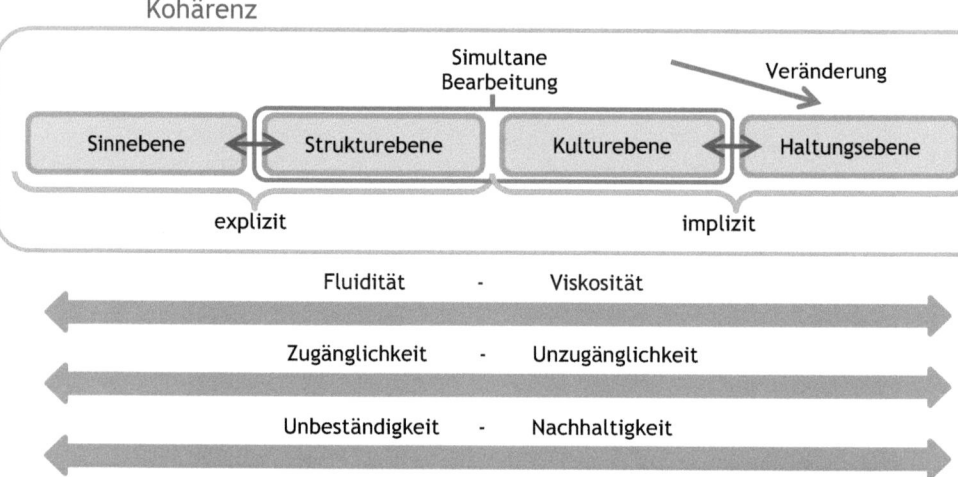

Abbildung 5: Zusammenfassung der Zusammenhänge zwischen den Ebenen organisationaler Entwicklungsprozesse. Die unteren Pfeile verweisen auf die jeweiligen Merkmalsausprägungen der Prozessebenen. Gleichzeitig bedürfen die Kultur- und die Haltungsebene einer simultanen Bearbeitung, um eine Veränderung der Haltungsebene zu bewirken und gleichzeitig eine Gesamtkohärenz zu erhalten.

In allen beschriebenen Aspekten und auch in der Literatur (z.B. Kroehl 2014, S. 18, Kuhnert & Teuber 2008, S. 100, 234, Stolzenberg & Heberle 2006, S. 62) wird deutlich, dass Beziehungsgestaltung als Hauptschlüssel für das Gelingen von Veränderungs- und Entwicklungsprozessen anzuerkennen ist.

Die im dargestellten Modell verwendeten Begrifflichkeiten sind sowohl solche, die Organisationen als Ganze betreffen, aber auch solche, die aus der Individualpsychologie stammen. Die Ebenen haben daher stets einen eminent relationalen Charakter – sie bedingen und arrangieren sich also über die Gestaltung von Beziehungen innerhalb einer Organisation (vgl. Korpiun & Thiele 2016). Werden die einzelnen Ebenen miteinander vernetzt und ganzheitlich betrachtet, so bilden diese quasi das Bewusstsein bzw. das Selbst der Organisation. Die Spannungen innerhalb von Organisationen, bzw. zwischen den vorgestellten verschiedenen Ebenen, die im Rahmen von Veränderungsprozessen unweigerlich auftreten, können vornehmlich im Rahmen von Beziehungen aktualisiert werden.

Literatur

Ashkenas, Ron (2013): Was sich ändern muss. Change Management: Wir wissen viel über das Management von Veränderungsprozessen. Trotzdem liegt die Quote gescheiterter Change-Projekte seit Jahren auf einem erschreckend hohen Niveau. Den Schlüssel halten die Manager selbst in der Hand, gefunden unter: Harvard Business Manager - http://www.harvardbusinessmanager.de/blogs/a-898305.html [zuletzt geöffnet: 07.08.2018]

Bem, Daryl (1974): Meinungen, Einstellungen, Vorurteile. Eine einführende sozialpsychologische Darstellung, Zürich/Köln: Benzinger und Aarau/ Frankfurt a.M.: Sauerländer

Bleicher, Knut (1994): Leitbilder. Orientierungen für eine integrative Managementphilosophie, 2. Aufl. (1994), Stuttgart: Schäffer-Poeschel

Culbert, Samuel A. (1996): Mind-Set Management. The Heart of Leadership, Oxford: Oxford University Press

Duden (Hrsg.) (2007): Duden. Das Herkunftswörterbuch. Etymologie der deutschen Sprache, Mannheim und Zürich: Dudenverlag

77

Gattermeyer, Wolfgang/ Al-Ani, Ayad (2000): Change Management und Unternehmenserfolg. Grundlagen – Methoden – Praxisbeispiele, Wiesbaden: Springer

Gerrig, Richard & Zimbardo Philip G. (2008): Psychologie, 18. Aufl. (2008), München: Pearson Studium

Haidary, Nadeem (2016): Four Valuable Lessons from GM´s Failed Experiment. This American Life uncovers what it takes to run an innovative company: equip and engage your front-line employees to make continuous improvements, gefunden unter: https://www.salesforce.com/workdifferently/articles/four-lessons-for-working-differently-gms-failed-experiment-with-toyota/ [zuletzt geöffnet: 07.08.2018]

Herrhausen, Alfred (2004): Rede auf der Jahreshauptversammlung der Deutschen Bank im Mai 1989, zitiert nach Veiel, Andreas (2004): Der Unbeugsame, in: brand eins. Vol. 7/2004, S. 96-101

Houben, Anabel (2007): Veränderungen erfolgreich gestalten: repräsentative Untersuchung über Erfolg und Misserfolg im Veränderungsmanagement, gefunden unter: www.kellerconsulting.de/fileadmin/download/.../ManagementSummaryC4Change.pdf [zuletzt geöffnet: 07.08.2018]

Hruby, Jörg (2014): Mindsets für das Management. Überblick und Bedeutung für Unternehmen und Organisationen, Wiesbaden: Springer Gabler

IBM (2008): Making Change Work, gefunden unter: http://www-935.ibm.com/services/de/bcs/pdf/2009/making_change_work.pdf [zuletzt geöffnet: 07.08.2018]

Kegan, Robert/ Lahey, Lisa Laskow (2009): Immunity to Change: How to Overcome It and Unlock the Potential in Yourself and Your Organization (Leadership for the Common Good), Harvard Business Press

Kettner, Matthias (2014): Wahrheit (der psychoanalytischen Erkenntnis), in: Mertens, Wolfgang (Hrsg.) (2014): Handbuch psychoanalytischer Grundbegriffe. Stuttgart: Kohlhammer, S. 1074-1078

Korpiun, Michael / Thiele, Martin (2016): Organisationen als sinnorientierte Konstitution kollektiver Beziehungsbilder – Grundlagen eines beziehungsorientierten Organisationsverständnisses, in: Raeck, Hanne / Lohkamp (Hrsg.) (2016): Tore und Brücken zur Welt. Willkommen in bewegten Zeiten, Lengerich: Pabst Science Publishers

Korpiun, Michael / Tchelebi, Nadine / Thiele, Martin (2018): Vom ICH zum WIR. Warum wir ein neues Menschenbild brauchen, Hamburg: BoD

König, Eckard / Volmer, Gerda (2014): Handbuch Systemische Organisationsberatung. 2. Aufl. (2014), Weinheim, Basel: Beltz

Kraus, Georg/ Becker-Kolle, Christel / Fischer, Thomas (2006): Handbuch: Change Management. Steuerung von Veränderungsprozessen in Organisationen. Einflussfaktoren und Beteiligte. Konzepte, Instrumente und Methoden, Berlin: Cornelsen

Kuhnert, Jan/ Teuber, Stephan (Hrsg.) (2008): Praxishandbuch Change Management. Einsatzfelder, Grenzen und Chancen, München: Franz Vahlen

Laloux, Frédéric (2015): Reinventing Organizations: ein Leitfaden zur Gestaltung sinnstiftender Formen der Zusammenarbeit, München: Franz Vahlen

Lewin, Kurt (1963): Feldtheorie in den Sozialwissenschaften: ausgewählte theoretische Schriften, Bern: Huber

Petzold, Hilarion (1990): Vorlesungen zur Sozialgerontologie I: Nonverbale Interaktion, II: Prinzipien der Organisation im Heimwesen, Vorlesungen auf dem Studientag von Pro Senectute Österreich, 8-10. Juni 1990, Batschuns Vorarlberg

Petzold, Hilarion (2007): Integrative Supervision, Meta-Consulting. Organisationsentwicklung. Ein Handbuch für Modelle und Methoden reflexiver Praxis, 2. Aufl. (2007), Wiesbaden: VS Verlag für Sozialwissenschaften

Roethlisberger, Fritz J./ Dickson, William J. / Wright, Harold A. (1946): Management and the worker. An account of a research program conducted by Western Electric Company. Hawthorne Works. Chicago, Cambridge Mass.: Harvard University Press

Schewe, Gerhard (2017): Organisationskultur. in: Gabler Wirtschaftslexikon, Wiesbaden: Springer Gabler, gefunden unter: http://wirtschaftslexikon.gabler.de/Archiv/11090/organisationskultur-v8.html [zuletzt geöffnet: 21.03.2017]

Schuler, Heinz (2007): Lehrbuch Organisationspsychologie, 4. Aufl. (2007), Bern: Hans Huber

Sinek, Simon (2011): Start With Why: Great Leaders Inspire Everyone To Take Action, London: Penguin

Stolzenberg, Kerstin/Heberle, Krischan (2006): Change Management. Veränderungsprozesse erfolgreich gestalten – Mitarbeiter mobilisieren, Heidelberg: Springer Medizin

Willke, Helmut (1996): Systemtheorie II: Interventionstheorie, 2. Aufl. (1996), Stuttgart: Lucius & Lucius

Entwicklungsarbeit mit
Organisationen

04

*Martin Thiele, Michael
Korpiun, Cornelia Jenke*

Ein Leitbildmodell zur praktischen Anwendung in Workshops

Ein Leitbildmodell zur praktischen Anwendung in Workshops

Martin Thiele, Michael Korpiun, Cornelia Jenke

Zusammenfassung

Der folgende Artikel bietet ein leicht zugängliches Leitbildmodell an, dass sich nahezu in jeder Hinsicht metaphorisch interpretieren und auf organisationale Kontexte transferieren und damit unkompliziert und wirksam einsetzen lässt. Gleichzeitig wird im Rahmen dieses Artikels bzgl. Leitbildern besonderer Wert auf die Balance zwischen Organisationskohäsion, bzw. die gleiche Wertebasis einer Organisation und der Autonomie der in ihr arbeitenden Individuen gelegt.

Das Modell hat metaphorischen und keinen theoretischen Charakter. Es verortet typische Elemente eines Leitbildes, wie z.B. Mission, Vision, Strategie, Kultur und Werte als Bestandteile eines Hauses. In der Praxis erfahren wir immer wieder, dass das Modell intuitiv und schnell erfasst wird. Es bietet dann eine Basis, auf der wir mit Führungskräften aus Organisationen gut in den Dialog gehen können zu relevanten Grundfragen der Unternehmenssteuerung. Ein ähnliches und in der Praxis ebenfalls immer wiederkehrendes Modell ist die Segelschiff-Metapher.

Die praktische Wirkung der Nutzung des Modells entsteht einerseits aus seiner intuitiven Erfassbarkeit als Ordnungsrahmen für die Elemente von Leitbildern. Andererseits stößt die gemeinsame Erarbeitung eines Leitbildes bereits einen gruppendynamischen Prozess an, der sowohl die Beziehung der beteiligten

Führungskräfte untereinander verbessert als auch die gemeinsame Ausrichtung im Sinne eines geteilten Verständnisses unterstützt (vgl. Artikel „ Die Orientierungs- und Motivationsfunktion organisationaler Leitbilder" in diesem Band S. 113-135).

Ein Leitbild wird hier als intelligentes Energieverteilungszentrum einer Organisation verstanden. Zunächst wird der Leitbildbegriff einleitend (1) etymologisch (1.1), psychologisch (1.2 & 1.3) und ökonomisch (1.4 & 1.5) verortet. Dann wird ein Leitbild-Modell anhand eines Hauses illustriert (2), um dann auf dessen einzelnen Bestandteile einzugehen (3) und über deren Vernetzungen aufzuklären (4). Zum Abschluss erfolgt eine Zusammenfassung (5) inkl. Ausblick bzgl. des Modells.

„If we develop a preferred future before we plan, there is a greater chance of getting the future we want and operating as a whole system. There is a greater chance of avoiding fragmentation, suboptimization, drifting and loss of energy."

Lippitt 1998, S. 68

1. Einleitung und Begriffsbestimmung

Lippitts Zitat fasst anschaulich die Bedeutung der Gestaltung einer gemeinsamen Zukunftsvorstellung von Organisationen zusammen: Es brauchst zunächst eine gemeinsam entwickelte Vision, welche dann in konkrete Strategien und Handlungen umgesetzt werden kann, um eine Ganzheitlichkeit und einen gesteuerten sowie konstruktiven Energiefluss innerhalb einer Organisation zu ermöglichen. Der folgende Artikel bietet ein Modell zur Unterstützung einer Leitbildentwicklung an, welches sich dem Gleichnis eines Hauses bedient. Dadurch wird ein solides Grundverständnis von Zusammenhängen von

Leitbildbestandteilen ermöglicht, das zahlreiche wertvolle Interpretationsmöglichkeiten bereithält.

Der Begriff "Leitbild" ist mittlerweile stark überladen und wird daher in verschiedenste Richtungen interpretiert. Entsprechend begegnen uns Leitbilder in ganz verschiedenen Formen und mit einem vielfältigen Verständnis. Der Begriff "Leitbild" ist weder inhaltlich noch in der bildlichen Darstellung eindeutig verortet. Ferner werden die Begriffe Mission, Vision, Werte, Unternehmensphilosophie, Leitsätze oder Unternehmensidentität häufig nicht deutlich voneinander abgegrenzt, äquivalent verwendet oder jeweils divers interpretiert. Eine klare Differenzierung erscheint hier sinnvoll, um die Vernetzung mit anderen Prozessen und Begrifflichkeiten, wie Zielen, Maßnahmen oder Strategien im Rahmen von Organisationen zu verdeutlichen und Leitbild-Prozesse möglichst effektiv und bereits als Teil des Prozess-Ergebnisses gestalten zu können.

In diesem Artikel wird ein unkompliziertes und einträgliches Leitbildmodell vorgestellt, welches angrenzende Begriffe leicht verständlich ordnet, abgrenzt und in Beziehung zueinander setzt und sich daher für eine erstrebenswerte kollektive Leitbildentwicklung eignet. Bevor das Modell dargestellt wird, folgen zunächst eine allgemeine Verortung des Begriffs und eine Vorstellung von hierfür relevanten Auffassungen über Leitbilder. Da hierzu bereits zahlreiche Konzepte existieren, werden lediglich basale und in unserem Verständnis relevante Aspekte herausgegriffen. Diese reichen von einer etymologischen Einbettung, über das Verständnis eines Leitbildes als Energieverteilungskonzept oder als Lancierung von institutioneller Reflexivität sowie als Orientierungsfolie für Haltungen, Einstellungen und letztlich der Organisationskultur, welche mittlerweile als eine der relevantesten Faktoren für gelingende Veränderungsprozesse gewürdigt werden.

Zunächst wird als Einstieg eine etymologische Klassifizierung des Leitbild-Begriffs vorgenommen, um dessen Geltung für die Arbeit mit Organisation hervorzuheben. Speziell dieser Begriff wird an dieser Stelle erörtert, was jedoch nicht bedeutet, dass andere Begriffe wie Leitsätze oder Unternehmensphilosophie diskreditiert werden. Jede Organisation ist anders und kann für sich selbst herausfinden, welcher Begriff am besten zu ihr passt. Erfahrungsgemäß sind manche Terminologien in bestimmten Organisationen aus historischen Gründen nicht nutzbar bzw. „verbrannt". Ob das jeweilige Ergebnis unserer Leitbildarbeit mit Organisationen dann ebenfalls als "Leitbild" bezeichnet wird, ist für uns aus den o.g. Gründen nachranging. Es bietet sich an dieser Stelle jedoch an, den Begriff Leitbild in seiner Wortherkunft aufzuarbeiten, um die Bedeutung und Wirksamkeit von Unternehmensgrundsätzen für Organisationen hervorzuheben.

1.1. Begriffliche Verortung

Etymologisch ist „leiten" ein Veranlassungswort und meint mit „Leit-" führen und bezieht sich stets auf einen „Weg" (gehend oder fahrend machen) und wird auch als ein „mit etwas vertraut machen" verstanden (vgl. Duden Herkunftswörterbuch 2007, S. 481). „Bild" bedeutet Gestalt bzw. Abbild. Die Herkunft des Wortes wird im Begriff „Billwiss" vermutet, welches „wundersames wissend" meint (vgl. Duden Herkunftswörterbuch 2007, S. 95). Ein Bild ist stets ein Versuch etwas bzw. einen Sachverhalt in seiner Gesamtheit vereinfacht darzustellen und für jeden individuell zugänglich zu machen. Die Psychoanalyse und die Transaktionsanalyse verwenden den Begriff häufig für individuelle symbolische Repräsentation. Der Begriff steht auch für Implizites oder Metaebenen, weil dadurch Sachverhalte leichter zugänglich sind, als wenn diese z.B. direkt sprachlich auf einem hohen Bewusstseinsniveau dargestellt werden. Ein (Leit-)Bild dient insofern dem Sichtbarmachen auf einer kollektiven

Dimension und spricht jeweils gleichzeitig mehrere Bewusst-
seinsebenen an. Insofern kann ein Leitbild idealerweise implizite Strukturen explizit zugänglich machen und diese zum Gegenstand einer bewussten Auseinandersetzung werden lassen.
So leistet es entsprechend einen wichtigen Beitrag zu Organisa-
tionsentwicklungsprozessen (vgl. Artikel „Die Architektur von
Veränderungsprozessen" in diesem Band S. 17-56). Werden implizite Strukturen im Rahmen eines Leitbildprozesses nicht zum
Gegenstand einer Auseinandersetzung gemacht, so besteht die
Gefahr, dass das neu entworfene Leitbild eben nicht zu bisherigen übergeordneten ungeschriebenen Gesetzen passt und letztlich daran abprallen wird (vgl. Meta- und Subregeln nach Willke
1996, S. 74 f.).

In diesem Artikel wird daher stets von Leitbildern und nicht von
Leitsätzen o. ä. gesprochen, was auf die Metaphorik von Leitbildern als Unternehmenssteuerungsinstrument verweisen soll. Metaphorik ist an dieser Stelle relevant, da sie stets jeder Person
die Möglichkeit einer individuellen und kontextuellen Interpretation ermöglicht und so zum einen die jeweilige Identifikation
jedes einzelnen mit den Leitbildern sowie deren individuelle Repräsentationen und Transferleistungen ermöglicht. Ein Leitbild
beabsichtigt insofern, dass Menschen gemeinsam, möglichst
kongruent, im Sinne der jeweiligen Organisation denken und sich
entsprechend verhalten. Ein Leitbild intendiert, eine adäquate
Verbindung zwischen den Menschen und überdies zur Ganzheitlichkeit der Organisation zu schaffen.

Leitbilder rentieren sich nicht erst im Entwicklungsprozess, sondern bereits in ihrer Entwicklung. Dies geht vor allem aus dem
umfänglichen praktischen Einsatz von Leitbildern, aber auch aus
zahlreichen empirischen Belegen und Fallbeispielen hervor. Um
die Relevanz von Leitbildern für Organisationen zu verdeutlichen, folgt zunächst ein Exkurs, der die Funktion von

Leitbildprozessen vereinfacht darstellt und gleichzeitig die Bedeutung partizipativer Prozesse hervorhebt.

1.2. Leitbild als Energieverteilungskonzept

Letztlich dient ein Leitbild als Informationsquelle, welches sich aus einzelnen Informationen aus der Organisation speist und diese Informationen geordnet wieder abgibt. Es bildet quasi den epistemisch verarbeitenden intelligenten Apparat einer Organisation, an dem alles zusammenläuft. Görnitz & Görnitz setzen Informationen mit Energie gleich (vgl. Görnitz & Görnitz 2016, S. 61 ff.). Unter dieser Auffassung wird deutlich, dass ein Leitbild die Energie der einzelnen Mitglieder einer Organisation nutzt und bündelt und effektiv in alle Bereiche und in eine gemeinsame Richtung lenkt. So kann ein beschleunigter und reflexiver Fortgang von Prozessen in Richtung Ziel eintreten und die Energie versackt nicht an unterschiedlichen Stellen oder arbeitet gar gegenläufig. Daraus geht deutlich die Relevanz partizipativer Leitbildentwicklung hervor (vgl. Klaußner 2016), bei der individuelle Einstellungen und Haltungen im Erarbeitungsprozess berücksichtigt werden, um so die Legitimation eines Leitbildes zu erhöhen. Hierbei kann sich auch eine heterogene Sichtweise durchaus positiv auswirken und Innovationen vorantreiben.

Es ist sinnvoll, eventuell weniger wortgewandt formulierte Leitbilder, die dafür gemeinsam entwickelt wurden, gegenüber kostengünstigeren, unaufwändigeren und eloquenten Leitbildern, welche top-down vorgelegt werden, vorzuziehen (vgl. Grünig 1988, S. 254). Besonders problematisch ist ein extern erarbeitetes Konzept. Der gemeinsame Prozess der Erarbeitung, die damit verbundenen Auseinandersetzungen, das Ringen um die richtigen Worte sind essentieller Bestandteil ebenso wie das inhaltliche Ergebnis. Nur so können später in der Umsetzung konsistente Informationen in die Organisation gegeben und

Fragen einheitlich beantwortet werden. Bei einer umfassenden Mitwirkung an Leitbildern können die einzelnen Parteien zum Transporteur und Konsument dieser werden (vgl. Bleicher 1994, S. 11). So kann einer möglichen Inhaltslosigkeit (das Leitbild lässt sich nicht auf die Praxis transferieren) und Austauschbarkeit (das Leitbild ist nicht auf die Bedürfnisse der Organisation und deren Mitglieder ausgerichtet) vorgebeugt werden. Zudem erhöht sich die Wahrscheinlichkeit einer institutionellen Reflexivität und damit die Lernfähigkeit bzw. Intelligenz dieser. Des Weiteren wird deutlich, dass die im Leitbild enthaltenen Informationen Weiterleitung bzw. Vermittlung benötigen, um wirksam zu werden. Leitbilder haben insofern eine Normierungsfunktion, welche notwendig ist, um Netzwerken von mehreren Personen in Abgrenzung zur Umwelt zu einer Gruppe zu machen. Eine Ansammlung von mehreren Personen ohne Orientierungsfunktion, in der quasi alles möglich ist, kann keine Gruppe bilden (vgl. König & Schattenhofer 2012, S. 24). Die Orientierungsfunktion einer Gruppe, welche eine Anpassung von den Mitgliedern erwartet, führt wiederum zur Autonomie der Gruppe als Ganzes (vgl. König & Schattenhofer 2012, S. 24).

1.3. Partizipation und Autonomie

Leitbilder sind als eine Art Kontrollinstrument der Metaebene einer Organisation zu verstehen. Was sich im Rahmen bspw. von Organisationskultur oder unausgesprochenen Regeln ausdrückt, kann so eine klare Formulierung finden, welche allen Beteiligten offen zugänglich ist. Dabei wird ein Leitbild idealerweise keine rezepthaften Problemlösungen beinhalten, sondern stets die institutionelle Reflexivität fördern.

Ein Leitbild stellt Kriterien zu Verfügung, anhand derer die Sozialisation innerhalb eines Unternehmens erleichtert wird und komplexe Entscheidungssituationen adäquat gelöst werden können (vgl. Klaußner 2016, S. 7ff.). Dadurch kann entsprechend flexibel mit abweichenden Entwicklungen umgegangen werden. Dies bedeutet, dass intakte Leitbilder gleichzeitig einen Bezug zur aktuellen Organisationskultur innehaben und nicht zu gegenständlich und einschränkend sein sollten. Optimalerweise finden daher auch bisherige Regeln und Verhaltensweisen eine Berücksichtigung, welche über die Partizipation von Mitarbeitenden umfassend gewährleistet werden kann. Konkrete situationsbezogene Leitlinien erfordern gegenüber Kriterien für eigenverantwortliche Entscheidungsfindungen auf einer Metaebene häufig hierarchische Abstimmungen, welche zu einer Störung von Abläufen und damit Trägheit führen. Eigenständigkeit in komplexen Entscheidungssituationen durch Partizipation und Transferleistungen führen zudem zu einer höheren Zufriedenheit. Hierfür ist vor allem die Sinnstiftung durch Leitbilder relevant, um einen übergeordneten Bezugsrahmen für die einzelnen Aspekte von Leitbildern zu haben und den selbstlernenden Transfer in Handlungen zu erleichtern. Dabei kann jedem einzelnen die Verantwortung als gemeinsam geteilte Verantwortung vermittelt werden.

1.4. Definitionen, Relevanz und Nutzen von Leitbildern

Das Gabler Wirtschaftslexikon versteht unter einem Unternehmensleitbild „[...] ein langfristig orientiertes und entwicklungsfähiges Konzept für die Unternehmenspolitik [...]" (Gabler Wirtschaftslexikon 2004, S. 3041). Damit ist auf die Notwendigkeit einer flexiblen Anpassungsfähigkeit und auf die Nachhaltigkeit von Leitbildern sowie deren Funktion als Instrument zur Unternehmenssteuerung verwiesen.

Generell wird bei aktuellen Managementkonzepten besonderer Wert auf Leitbilder als qualitativer Aspekt des Managements gelegt, wodurch es sich von konservativen Konzepten (wie z.B.

dem Harzburger Modell, welches quantitativ ausgerichtet ist, individuelle Verantwortung, Hierarchien, Delegation und Kontrolle hervorhebt und Ziele gegenüber Prozessen fokussiert) abhebt. Das St. Galler Modell setzt Leitbildentwicklungen und Prozesse generell in den Fokus und akzentuiert dabei Kommunikation, Sinngebung, Integration und Ganzheitlichkeit, wodurch Organisationskultur und Prozesse als substanzieller Aspekt des Managements Berücksichtigung erhalten. Kasper et al. erweitern das St. Galler Management-Modell, wobei sie vor allem Beziehungen und das Phänomen der Kommunikation als herausragendes Element betrachten (vgl. Kasper et al. 1999). Die vierte Generation des St. Galler Managementkonzeptes stellt eine individuelle und kollektiv reflexive Gestaltungspraxis sowie eine damit einhergehende koevolutive Weiterentwicklung in Wechselwirkung mit der dynamischen Umwelt einer Organisation heraus (vgl. Rüegg-Stürm & Grand 2017). Diese Erweiterung korrespondiert bzgl. des Aspekts der Reflexivität mit Senges Konzept der lernenden Organisation (vgl. Senge 2011) und bzgl. des Aspekts Weiterentwicklungen mit Heitger und Doujaks Typologisierungslandkarte (vgl. Heitger & Doujak 2014, S. 36; vgl. Artikel „Erweiterung und praktische Anwendung des Modells der Gruppenkräfte & Gruppenarten von Eric Berne" in diesem Band S. 137-190).

Leitbilder dienen also als Instrument zur Handhabung der schwer beeinflussbaren Kultur einer Organisation, welche sich als unnachahmbare Signatur und Erfolgsfaktor für diese darstellt (vgl. Sattelberger 2005, S. 247). Gleichzeitig wird eine Gruppe bzw. Organisation nach außen hin zur Umwelt und zu anderen Gruppierungen abgegrenzt und in ihrer Existenz legitimiert.

Nach Bleicher besteht die Notwendigkeit von Leitbildern aufgrund einer stark angestiegenen Komplexität und Dynamik von Organisationen und deren Umwelt, wobei Leitbilder eine

Orientierungsfolie für Verhalten bieten und einen verbindlichen Sinn herstellen (vgl. Bleicher 1994, S. 11f.). In diesem Zusammenhang spricht er von einer „gigantischen Kommunikationsaufgabe" in ebendieser das Leitbild das Transfermedium „zwischen Absicht und Akzeptanz, wie zwischen Prinzipien und Praxis" darstellt (Bleicher 1994, S. 11). Den komplexen Gefügen in Organisationen kann also durch eine Öffnung aller Bereiche für eine Ganzheitlichkeit beigekommen werden.

Bleicher stützt sich in seinen Ausführungen vornehmlich auf das St. Galler Management-Konzept. Dieses legt den Fokus vor allem auf Ganzheitlichkeit, Selbstgestaltung, integratives Denken sowie „[...] die Integration vielfältiger Einflüsse in einem Netzwerk von Beziehungen[.]" (Bleicher 1994, S. 15), womit auf unser beziehungsorientiertes Verständnis von Organisationen verwiesen ist. Bleicher hält im Rahmen der Gestaltung von Leitbildern zudem eine ideale und gleichzeitig realistische – also erreichbare - Zielformulierung für besonders relevant (vgl. Bleicher 1994, S. 274). Diese Konstatierung wird mittlerweile von den meisten Autoren geteilt und ist notwendig, um die Kohärenz einer Organisation zu erhalten, die tatsächliche Umsetzung der Inhalte eines Leitbildes zu unterstützen und Synergieeffekte[10] und Vertrauen sowohl innerhalb, als auch in Bezug auf die Umwelt der Organisation, zu begünstigen (vgl. Ganz & Graf 2006, S. 11). Ein Leitbild ist idealerweise problembewusst und ressourcenorientiert. Es sollte nicht als Alibi verwendet werden oder utopisch sein, da es sonst nicht gelebt werden kann (vgl. Belzer 1998, S. 37). Nur wenn ein Leitbild kohärent gefasst ist, können die einzelnen Bestandteile eines Unternehmens die enthaltenen Botschaften entsprechend verkörpern. Die Mitarbeitenden können überdies dazu bereit sein, es zu übernehmen und teilweise mit ihren

---

[10] Synergieeffekt: gegenseitiges Fördern, dass Leistungen hervorbringt, die über die individuellen Energien hinausgehen.

individuellen Identitäten und Haltungen abzugleichen und überdies gegenseitig Leitbildinhalte forcieren.

Aus unserem Grundverständnis von Organisationsentwicklung
bedarf es bei der Betrachtung der langfristig angelegten Ausrichtung einer integrierten Bearbeitung inhaltlicher und kultureller
Ebenen (vgl. Artikel: „Ebenen von Entwicklungs- und Veränderungsprozessen" in diesem Band S. 57-80). In der Praxis werden
Fragestellungen nach dem Selbstverständnis, der Vision, den
Zielen und Strategien sowie Fragen von Werten und Kultur häufig getrennt voneinander gedacht, was zu einem Auseinanderfallen und zu einer Behinderung der Organisationsabläufe führen
kann. Für die Beteiligten bleiben die Leitbilder damit inkonsis-
tent und der Sinn erschließt sich daher nicht. Sie sind nicht an-
schlussfähig, werden verworfen und eine Integration bleibt aus.
Wenngleich es wichtig ist, die einzelnen Aspekte eines Leitbildes
wie Vision, Mission etc. zu differenzieren, sollten diese darauf
aufbauend miteinander vernetzt betrachtet werden, um in ihrer
umfassenden Wirksamkeit berücksichtigt und sinnvoll eingesetzt
zu werden. Hierfür leistet das in diesem Artikel vorgeschlagene
Modell einen Beitrag.

1.5. Kultur und Leitbild: Das Leitbild als Weltbild und Einstellung

Ein Unternehmensleitbild formt, wie aus dem vorausgegangenen
Abschnitt hervorgegangen ist, die logische Grundlage für eine
Organisation, worüber ihr Aufbau, ihr Habitus und ihre Identität
ihre Konstituens erhalten – gleichzeitig wird das Leitbild bereits
während des Prozesses rekursiv von ebendiesen Faktoren beeinflusst. Sie bildet im psychologischen Sinne quasi eine Art Bewusstsein bzw. Selbst der Organisation, die diese bedingt und
zusammenhält. Was wiederum bedeutet, dass an und für sich
immer ein Leitbild besteht, mit dem Unterschied, ob es lediglich

unbewusst und implizit erlebt oder bewusst und explizit gestaltet wird.

Die weiter oben genannten unterschiedlichen Definitionen beinhalten stets wenigstens eine indirekte Referenz auf Beziehungsgestaltung - sei es durch den Verweis auf Synergien, Kommunikation oder Organisationskultur.

Ein Leitbild an sich enthält noch keine Unternehmenskultur. Sie sucht diese maßgeblich zu beschreiben bzw. zu beeinflussen. Wie letzten Endes bestimmte Normierungen in Bezug auf Bewältigungsstrategien, Begrüßungen, Differenz- und Kongruenzbearbeitung, Mittagspausen, Argumentationsmuster, Konflikte, Kleidung, Besprechungen, Problemlösungen/-sstrategien oder besondere Ereignisse, wie Geburtstage oder Betriebsaustritte sich in der Kultur äußern, wird im Rahmen des tatsächlichen Handelns von einem Leitbild als theoretische Grundlage individuell und kollektiv von allen Beteiligten in die Praxis transferiert.

Im Hinblick auf die kulturelle Ausgestaltung kann ein Leitbild als die Basis für das Bindemittel der einzelnen Individuen in und um eine Organisation verstanden werden sowie als Grundlage für die Entwicklung der Intention einer Organisation, mit der sich die inneren Bestandteile (Mitarbeitende, Teams, Abteilungen) und diese sich wiederum mit der Umwelt (Zuliefernde, Kunden_Innen) vernetzen. „[...] [D]ie meisten Unternehmensgrundsätze machen Aussagen über Beziehungen des Unternehmens zu seinen Mitarbeitern, Kunden, Aktionären, Gläubigern, Staat, usw." (Gabele & Kretschmer 1985, S. 32). Ein Leitbild enthält neben dem Unternehmensleitbild an sich damit immer auch Aspekte eines Menschenbilds sowie eines Bildes der Wirtschafts- und Gesellschaftsordnung (vgl. Matje 1996, S. 54).

Wenngleich Heterogenität wünschenswert ist, so ist das Vorhandensein kongruenter Grundwerte, welche in einem Leitbild zusammengetragen sind, unabdingbar für das Funktionieren einer Organisation. Überdies inhäriert es Informationen darüber, wie die einzelnen Bestandteile zueinander in Beziehung stehen und was genau die Ziele in Bezug auf die Organisation selbst, deren Mitglieder und Umfeld beinhalten. Wenn diese Ebenen bei der Leitbildentwicklung umfänglich berücksichtigt werden, kann eine produktive Vernetzung und Umsetzung stattfinden. Ein Leitbild enthält also die Einstellungsgrundlage, mit der sich die Organisation und deren jeweilige Mitarbeitenden erleben und verhalten und bezieht sich daher auf die Konfiguration von Denken, Fühlen und Handeln.[11] Es ist daher sinnvoll, besonderen Wert auf Reflexivität zu legen, um über eine entsprechend offene Konfiguration eine zieladäquate Eigenständigkeit zu fördern.

Insgesamt möchten wir an dieser Stelle darauf zurückkommen, dass sich Leitbilddefinitionen i.d.R. stark überschneiden. Folgende Aspekte lassen sich als Kernelemente aus der Literatur festhalten:

- Ein Leitbild ist als realistisch erreichbares Idealbild zu verstehen. Es kann zunächst dem Leitungskreis, dann aber auch der gesamten Organisation helfen, Orientierung und Ausrichtung zu gewinnen.
- Die konkrete Arbeit an einem Leitbild kann den beteiligten Führungskräften darüber hinaus helfen, als Team

---

[11] In der Literatur finden sich stets Verweise auf den Zusammenhang zwischen Leitbildern (oder der damit korrespondierenden Organisationskultur) und dem Einfluss auf Denken, Fühlen und Handeln, wobei hierbei in vielen Fällen nicht alle drei Aspekte aufgelistet werden (vgl. Bleicher 1994, S. 14 + 35; Klaußner 2016, S. 8 f.; Schreyögg & Koch 2015, S. 247 f.).

zusammenzuwachsen und den Aufbau eines geteilten Verständnisses über die Ausrichtung einer Organisation zu erlangen.

- Ein Leitbild ersucht Ganzheitlichkeit und ist auf wesentliche Aspekte und die gesamte Organisation bezogen. Es stellt die typischen Elemente eines Leitbildes in einen sinnvollen Gesamtzusammenhang.
- Ein Leitbild hat eine normierende Funktion bzgl. Absichten und Verhalten und überdies auch bzgl. Beziehungsgestaltung innerhalb der Organisation und zu dessen Umfeld.
- Ein Leitbild ist langfristig ausgerichtet und an eine gegenwärtige Bestandsaufnahme geknüpft, zukunftsorientiert und zunächst unbefristet angelegt.
- Vor allem neuere Literatur lanciert partizipative Leitbildverfahren, welche reflexive Organisationen und selbstständige Mitarbeitende hervorbringen gegenüber exklusiven Verfahren, welche eher durch gegenseitige Kontrolle (vgl. Komplizenschaft, Disziplinarmacht) und symbolische Gewalt denn durch tatsächliche Überzeugungen Wirksamkeit erlangen.
- Ein Leitbild ist kein Verhaltens- oder Lösungsrezept, sondern liefert die Basis an Einstellungen über Werte, Herangehensweisen und Ziele die individuell verankert und in die Praxis transferiert werden können. Es hat die Reflexivität und Lernfähigkeit der einzelnen Individuen innerhalb einer Organisation und damit der Organisation als Ganzes zum Ziel.

Nach den allgemeinen Definitionen zu Leitbildern folgt nun eine Erläuterung der konkreten Wirkmechanismen und Verknüpfungen von Leitbildern anhand einer Modellempfehlung, welche unterstützend zu einem Leitbildprozess hinzugezogen werden kann.

2. Der Aufbau eines Leitbildes

Es existieren bereits zahlreiche grafische Darstellungen von Leitbild-Modellen. Diese variieren jedoch stark hinsichtlich ihrer Inhalte und Anordnungen und sind häufig wenig übersichtlich und verständlich. Daraus wird bereits eine Interpretation ersichtlich, die das Abstraktionsniveau von Leitbildern verdeutlicht. Für uns ist es in der Zusammenarbeit mit unseren Kunden_Innen sinnvoll, die Funktionen und Zusammenhänge der einzelnen Komponenten eines Leitbildes in Form einer Hausmetapher darzustellen, um diese möglichst eingängig in ihren Verknüpfungen zu repräsentieren. Das Modell beansprucht keine Allgemeingültigkeit, bietet sich jedoch an, um das Wesen von Leitbildern sinnfällig und einfach darzustellen und bietet daher eine greifbare Arbeitsgrundlage für Leitbildprozesse.

„Alle Baukunst bezweckt eine Einwirkung auf den Geist [...]." John Ruskin

„Durch Weisheit wird ein Haus gebaut und durch Verstand erhalten [...]." Bibel, AT Salomons

Da für das Leitbildmodell eine Haus-Metapher verwendet wird, sensibilisieren die Zitate bereits auf die Funktion eines Leitbildes: Das „Bauwerk" hat einen impliziten Einfluss auf die in ihr wohnenden Individuen. Ruskins Zitat deutet auf die subtile und umfassende Wirksamkeit von Leitbildern hin. Das Bibelzitat verdeutlicht die notwendige Erfahrung für einen Hausbau bzw. eine Leitbildentwicklung und die für das weitere Bestehen und Rundlaufen erforderliche kollektive Reflexivität. Die ältere Textfassung lautet „[...] durch ein verständiges Wesen wird es fest gegründet [...]" im englischen lautet die Passage „[...] and by understanding it is established [...]". Zudem bietet die Gebäudemetapher eine Offenheit gegenüber Interpretationen an und nimmt weniger Annahmen vorweg, wie bspw. die Bilder Moloch oder Ökosystem, da ein Haus sehr individuell gestaltet sein kann.

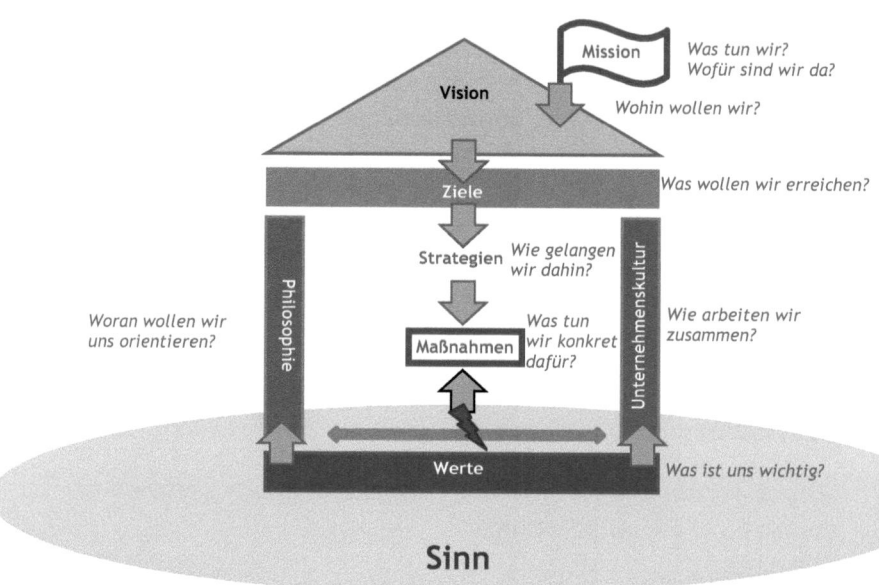

Abbildung 1: Eigene Darstellung eines Leitbild-Modells.

Wie vormals angesprochen ist die klare Definition der Terminologie hoch relevant, um die Erarbeitung zielgerichtet zu gestalten. Entsprechend bieten wir hier unsere Definition der jeweiligen Begrifflichkeiten an.

Leitbilder adressieren in erster Linie die Mitglieder und die externen Partner einer Organisation. Die **Mission** als

Leitbildbestandteil ist ein <u>nach außen</u> gerichtetes prägnantes Statement, welches beschreibt, was die Organisation als ihren Daseinszweck betrachtet und wie sie in diesem Kontext von vor allem von externen Betrachtern gesehen werden will. Die Mission als Funktion nach außen enthält das Image und eine Daseinslegitimation sowie Abgrenzung zu anderen Organisationen (vgl. Klaußner 2016, S. 10). Damit hebt sich eine Organisation hervor und transportiert seine Widererkennbarkeit und Relevanz auf dem Markt. Stimmt die Mission mit den organisationsinternen Aspekten überein, kann diese von Einzelnen zuverlässig und überzeugend nach außen repräsentiert werden. Neben Kunden richtet sich die Mission auch an das gesamte Umfeld einer Organisation als Zielgruppe, also z.B. an Lieferanten oder Behörden.

Die **Vision** ist ein primär <u>nach innen</u> – an die eigenen Mitarbeitenden – gerichtetes Statement, das eine große, langfristige Zielsituation des Unternehmens beschreibt, welche sich von der gegenwärtigen Situation unterscheidet und diese gleichzeitig berücksichtigt (also vom Grundsatz her realisierbar ist). Vor allem hinsichtlich Veränderungen bzw. Turnarounds der Unternehmenskultur werden Visionen als maßgebliche Voraussetzung zum Gelingen angesehen (vgl. El-Namaki 1992, S. 25). An die Mitglieder werden überdies Anforderungen an ihr Verhalten, Informationen über Inhalte und Leistung der Organisation und die Relation von Hierarchien vermittelt (vgl. Belzer 1998, S. 26). Hier klingen bereits Bezüge zu den anderen Bestandteilen des Leitbilds an. Die Vision enthält dabei keine konkreten Maßnahmen, sondern lediglich ein in der Zukunft liegendes Ergebnis und dient dadurch als Ausgangspunkt für die Differenzierung von Zielen und darauffolgend die Planung von Strategien und Handlungen. Die Vision unterstützt die Herstellung von Affekten, welche die Kongruenz mit einer Organisation und überdies auch die Identifikation erhöht (vgl. Matje 1996, S. 48). Die Vision kann, muss aber nicht messbar sein. I.d.R. enthalten Visionen eher qualitative Vorstellungen, sie können allerdings auch konkrete Wachstumszahlen beinhalten.

Ziele sind daher eng mit der Vision verknüpft. Den Aspekten Vision, Mission und Ziel liegt vor allem ein sinnstiftendes Element zugrunde, welches die anderen Aspekte wie Werte, Philosophie und Kultur auflädt und somit Energie für eine Umsetzung liefert bzw. die Energie in eine gemeinsame Richtung lenkt und damit ein hohes Maß an Effektivität hervorbringen kann. Laut Garcia sollte eine Zielzustandsbeschreibung nach einer vollen Potentialausschöpfung in einer Vision enthalten sein und stets positiv formuliert sein, um sich dieser anzunähern (vgl. Garcia 2006, p. 430). Durch die Anlehnung an Potentiale wird eine Realisierbarkeit gewährleistet und Ressourcen herausgearbeitet, ohne dass das Leitbild Gefahr läuft, Defizite auszublenden. Scharmer geht in seinem Konzept der „Theorie U" davon aus, dass Potenziale ideal entfaltet werden können, sofern sie von der jeweiligen gegenwärtigen Situation ausgehen und diese als „Quellort der entstehenden Zukunft" verstanden wird (vgl. Scharmer 2009).

Der Überbau ist also vornehmlich für die Kanalisierung von Energie und Bereitstellung von sinnstiftenden Elementen ausgerichtet. Damit sind allerdings noch nicht bereits bestehende Aspekte und solche, die die direkte Umsetzung des Leitbildes betreffen angesprochen. Weitere Aspekte sind daher für einen Unterbau eines Leitbildes notwendig:

Werte sind Vorstellungen, die als Maßstab von Denken und Handeln als wünschenswert erachtet werden. Sie enthalten sozialethische und moralische Eigenschaften, die in der Organisation anerkannt werden (sollen). Werte sind Bestandteil der jeweils vorliegenden Organisationskultur (vgl. Bleicher 1994, S. 24) und den einzelnen Werten der Mitarbeitenden einer Organisation. Sie geben Orientierung und dienen als Grundlage für bestimmte

Handlungsgrundsätze, nach denen alle Mitarbeitenden idealerweise arbeiten können. Werte haben einen erheblichen Einfluss auf Ziel- und Strategieentwicklungsprozesse, sowie die tatsächliche Umsetzung dieser. Werte werden dem langfristigen normativen Management zugeschrieben, woraus sich der Rahmen für das strategische und operative Management ergibt (vgl. Belzer 1998, S. 16).[12] Idealerweise besteht eine größtmögliche Kongruenz von individuellen Werten und den Werten der Organisation, um authentisches und effektives Handeln zu ermöglichen, ein Leitbild entsprechend zu integrieren und nach außen repräsentieren zu können.

Die **Unternehmenskultur** ist das Synonym für die tatsächlich gelebte explizite und implizite Kultur. Sie enthält die bisherigen Werte und Normen einer Organisation, welche darin ihren Ausdruck finden (vgl. Bleicher 1994, S. 24). Sie ist also die Materialisierung von Werten und Vorstellungen. Ein Leitbild sollte mit der tatsächlichen Realität der gelebten Werte – also der Kultur - korrespondieren und Konflikte nicht verschleiern, sondern aufgreifen (vgl. Schmidt 2004, S. 194). Überdies ist es möglich, dass Werte tatsächlich von den Mitarbeitenden gelebt werden und Philosophie und Kultur nicht per se auseinanderfallen. Um die Kohäsionskraft zwischen Organisation und Umfeld aufrecht zu erhalten, sollte dabei die erforderliche Thematisierung von Konflikten im Leitbild mit den Anforderungen Externer harmonieren (vgl. Klaußner 2016, S. 12).

---

[12] Die Begriffe stammen aus dem St.-Galler Managementkonzept. Normatives Management beinhaltet Prinzipien, Werte und Normen. Strategisches Management beinhaltet die Entwicklung der konkreten Vorgehensweisen zur Zielerreichung. Das operative Management beinhaltet Prozesse von Mitarbeitendenführung, Qualitätsmanagement und die konkrete Umsetzung von Strategien in der Praxis.

Die **Philosophie** beinhaltet die verhaltensbezogene Interpretation der Werte im Sinne der benötigten bzw. gewünschten Form der Zusammenarbeit bzw. Kultur. Diese finden häufig in Leitlinien für Mitarbeitenden und / oder Führungskräfte Ausdruck. Die Philosophie enthält die Offenlegung, bzw. das Gewahrwerden über Werte und Normen, sowie die Modifikation dieser (vgl. Bleicher 1994, S. 24). Bleicher bezeichnet die Managementphilosophie als „bewussten Prozess": (vgl. Bleicher 1994, S. 24). Über eine Explizierung der Organisationswerte- und -normen können implizite Wirkmechanismen aufgedeckt, hinterfragt und reflexiv verändert und umgesetzt werden.

Das gesamte Leitbild baut sich dabei auf einem alles durchdringenden **sinnhaften Existenzgrund** auf, der die Leitbildbestandteile durchzieht und in einen kohärenten Zusammenhang bettet. Die Sinndimension als Existenzgrundlage beantwortet die Frage nach dem übergeordneten Daseinszweck einer Organisation: warum wurde sie gegründet, was davon ist heute noch bedeutsam, welchen Nutzen stiftet sie etc.? Sinn und Mission stehen daher in Beziehung zueinander. Idealerweise zahlt die Sinndimension auf die Formulierung einer Mission ein. Oder anders ausgedrückt: die Mission als die nach außen gerichtete Aussage, warum es die Organisation gibt, sollte sich aus der Sinndimension ergeben.

4. Verortung und Dynamik der einzelnen Leitbild-Bestandteile

Die einzelnen Bestandteile eines Leitbildes sind hierbei in der Form eines Gebäudeumrisses angeordnet, um analog zur Gebäudestatik auf die jeweiligen gegenseitigen Bezüge der verschiedenen Komponenten und deren Relevanz für die Stabilität des

Gebäudes hinzuweisen. Zudem verdeutlicht diese Darstellung, dass Leitbilder stets einen Rahmen bilden (Rohbau) und dieser von den Mitarbeitenden ausgestaltet und nachjustiert wird.

Als hilfreich erscheint diese Visualisierung, da sie folgende Aspekte unterstützt:

Die **Werte** stellen – vergleichbar mit einem Haus - das Fundament dar. Daher ist es i.d.R. auch sinnvoll, hier als Basis zu beginnen. Das Fundament bietet dem darüberstehenden Gebäude Stabilität und Festigkeit – so auch die Werte in Bezug auf die Organisation. Das Fundament ist dabei stets in einen bereits vorhandenen Boden eingelassen und bietet, sofern die Komponenten zueinander passen eine robuste Basis (z.B. weicher Boden, fester Boden / leichtes Fundament mit Stelzen, Unterkellerung, solider Stahlbeton).

Die **Philosophie** - im Sinne der gewünschten Form der Zusammenarbeit sowie die tatsächliche Umsetzung dieser in der **Unternehmenskultur** werden als tragende Wände dargestellt. Sollten die Diskrepanzen zwischen der benötigten und der realen Kultur zu groß werden, verliert das Haus an Stabilität und die Ziele können nicht oder nur eingeschränkt erreicht werden. Pfeiler bzw. Wände können eine abschließende und eine statische Funktion innehaben und stellen sich als Verbindung zwischen Dach und Fundament dar. Philosophie und Unternehmenskultur bestimmen damit die Offenheit zur Umwelt sowie die Vernetzung von Werten und Vision.

Die **Mission** als nach außen hin gerichtetes Statement wird in dem Modell als (gut nach außen sichtbare) Fahne zur Umwelt hin dargestellt. Die **Vision** wird durch das Dach repräsentiert und schützt vor Witterung, also vor äußeren auflösenden Einflüssen.

Ein **Ziel-Strategiesystem** ist notwendig, um die konkreten Ziele und damit die Vision zu erreichen. Dabei wählen wir häufiger eine Darstellungsform, in der die strategischen Pfade (also die wesentlichen Handlungsstränge, um die übergeordneten Ziele zu erreichen) verknüpft werden mit den Zielen und mit Zwischenzielen im Zeitablauf versehen werden. Dadurch wird sehr übersichtlich auch im Hinblick auf die spätere Kommunikation der Zusammenhang zwischen Handlung (Strategie) und Zustand (Ziel) verdeutlicht.

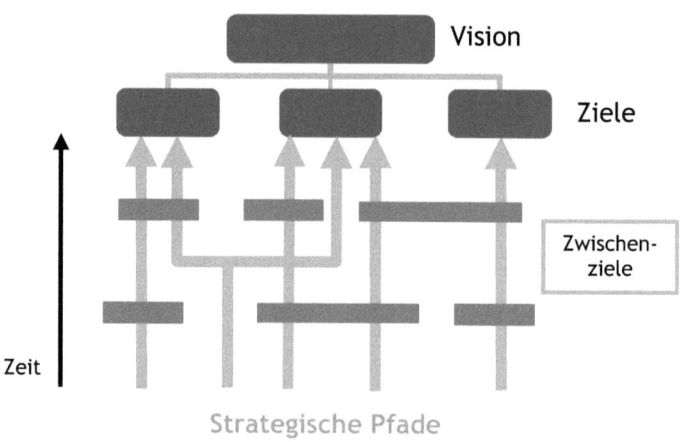

Abbildung 2: Ziel-Strategiesystem.

Sowohl aus kulturellen Diskrepanzen (Zusammenwirken von Philosophie und Kultur) als auch vorhandenen Strategien können dann konkrete **Maßnahmen** und Projekte abgeleitet werden. Strategien und Maßnahmen können hierbei als Innenausstattung hinsichtlich künstlerischer Ausgestaltung und Funktionalität betrachtet werden. Dieser Bereich umfasst die kokreative Umsetzung von Philosophie und Kultur.

Die Umgebung eines Hauses kann an dieser Stelle ebenfalls in den Leitbildprozess einbezogen werden. Ein „Leitbildhaus" ist entweder Teil eines größeren Gebäudes, alleinstehend oder angrenzend an größere oder kleinere Gebäude und es ist in unterschiedlicher Weise an das Versorgungsnetz angeschlossen. Die einzelnen Komponenten können variabel oder statisch sein. Jedes Gebäude hat einen unterschiedlichen Grad an Offenheit (z.B. Flugdach, Arkaden, Fenster, Türen,...), Ausprägung der Höhe von Wänden (Altbau, Halle, Neubau,...), Stabilität des Fundaments (Lehm, Betonplatten, Stahlbeton,...) und Ausgestaltung (gemütlich, steril,...). Das Dach und die Fahne können groß und deutlich sichtbar sein, es kann sich um ein Flachdach handeln oder aber ein besonders solides und gut gegen Witterung isoliertes Dach sein. Auch der Zustand des Gebäudes insgesamt kann berücksichtigt werden: Ein Gebäude ist entweder neu gebaut, am zerfallen, renoviert oder saniert.

Im Hinblick auf die vorgenannten Fragestellungen von Partizipation wollen wir hier explizit noch einmal auf die Frage der (Mit)-Gestaltung am Hausbau eingehen. Aus unserer Sicht ist es wesentlich, dass der Rohbau Aufgabe der Führung ist. Dies meint mitnichten nur die oberste Führungsebene, stattdessen kann es durchaus Sinn machen über rekursive und reflexive Schleifen unterschiedliche Ebene von Führung in diesen Prozess zu integrieren. Wie oben beschrieben wird die Wirksamkeit eines Leitbilds maßgeblich durch die Auseinandersetzung im Erarbeitungsprozess mitbestimmt. Wenn dies gut gelingt, erzählen und begründen die beteiligten Führungskräfte in gleicher Weise, warum das Ergebnis der Leitbildarbeit so ist, wie es ist. Gerade da das Leitbild oft in wenigen Sätzen zusammengefasst beschrieben ist, macht es diesen Teil unerlässlich. Gleichzeitig ist abzuwägen, wie viel Einbindung für eine Organisation leistbar ist, weil mit der Einbindung auch der Anspruch auf die Umsetzung der jeweils eigenen Gedanken der Teilnehmenden steigt. Darüber hinaus besteht seitens der Mitarbeitenden eine aus unserer Sicht berechtigte Anforderung an Führung, langfristig Orientierung zu geben. Das konkrete Ausgestalten des Leitbilds (Ziel-Strategiesystem und Maßnahmen) sollte dann mit den weiteren Führungsebenen bzw. unter Einbindung der Mitarbeitenden erfolgen. Das Handwerkzeug hierfür kann gemeinsam erarbeitet werden.

Die hier angebotene Darstellung verweist deutlich auf die Notwendigkeit der Kohärenz von erarbeiteten und formulierten Leitbildern sowie der Orientierung an den tatsächlichen Gegebenheiten. Jede Organisation erfordert unterschiedliche Leitbildprozesse und Leitbilder, die jeweils mit der Gesamtheit der beteiligten Personen, Teams, Umwelt und Leitbildbestandteilen harmonieren und überdies effektiv bestärken können.

5. Zusammenfassung und Ausblick

Ein Leitbild ist ein unternehmenspolitisches Instrument, welches die Identität einer Organisation stiften und vorantragen kann und als grundlegende Orientierungsfolie für alle Beteiligten inkl. der Umwelt dient. Die Umsetzung eines Leitbildes ist im günstigsten Fall an bisherige Gegebenheiten geknüpft und verkörpert gleichzeitig einen angestrebten Idealzustand. Um größtmögliche Wirkung in der Organisation zu entfalten, ist es sinnvoll, die Leitbildentwicklung als möglichst partizipativen Prozess zu verstehen und umzusetzen, wodurch Energien aus sämtlichen Bereichen eines Unternehmens heraus effektiv in eine gemeinsame Richtung kanalisiert werden können. Eine diskursive Leitbildentwicklung kann dabei einer nichtadäquaten Verselbstständigung von einzelnen Bereichen vorbeugen und fördert gleichzeitig dessen Integration bereits während der Entwicklung. Wichtig ist es, hierbei den Prozess geordnet zu gestalten und für einen stetigen Bildabgleich und Reflexivität zu sorgen, um eine chaotische und möglicherweise fehlgeleitete Leitbildentwicklung zu vermeiden. Eine partizipative Leitbildentwicklung erfordert keinesfalls jedes einzelne Mitglied in den vollständigen Prozess. Ein Leitbildprozess kann insgesamt als ein gemeinschaftlicher Bewusstwerdungs-, Darstellungs- und Entwicklungsprozess von impliziten Mustern hin zu bewussten Haltungen und bewusster Kultur innerhalb der Organisation verstanden werden.

Die besondere Anforderung eines Leitbildes besteht darin, es möglichst allgemeingültig, aber nicht beliebig zu formulieren. Ein Leitbild enthält keine konkreten Lösungsrezepte, sondern Werte und eine Philosophie, die die einzelnen Mitarbeitenden idealer Weise befähigt, Arbeits- und Entscheidungsprozesse autonom zu gestalten. Gleichzeitig wird damit die Identifikation der Mitglieder erhöht. Die Organisation gewinnt eine zunehmende institutionelle Reflexivität i.S.v. Senges Konzept der lernenden Organisation (vgl. Senge 2011). Sie erhält damit eine konstruktive und effektive Entwicklungsfähigkeit und kann frühzeitig und flexibel auf unerwartete neue Bedingungen und Problemstellungen reagieren (vgl. Artikel „Erweiterung du praktische Anwendung des Modells der Gruppenkräfte & Gruppenarten nach Eric Berne" in diesem Band S. 137-190).

Das Leitbild-Modell geht von einer Hausmetapher aus. Es lassen sich mehr oder weniger Korrespondenzen von tatsächlichen Organisationsgebäuden zur Organisation selbst ziehen (vgl. Habscheid-Führer & Grothaus 2016). Genauso, wie ein Mensch sich bspw. wahrscheinlich in seinen Eigenschaften auch in seiner Kleidung oder Wohnungseinrichtung ausdrückt und diese entsprechend seiner eigenen Präferenzen und den Bedingungen der

Umwelt auswählt, wird eine Organisation wahrscheinlich in einem passenden Gebäude ihren Sitz haben. Es wird sichtbar aus welchen unterschiedlichen Komponenten sich ein Leitbildgebäude zusammensetzt und wie relevant diese einzelnen Aspekte und ihre Kohärenz zueinander für das Gesamtbild sind und wie unterschiedlich diese je nach Organisation ausgeprägt sein können (z.B. Altbau, Loft, Neubau, Sardinenbüchse, Schloß, ...). Dies kann zutreffen, erhebt aber keinesfalls Anspruch auf universale Gültigkeit. Es lohnt sich allerdings, diesen Zusammenhang im Rahmen von Organisationsanalysen und Leitbildentwicklungen im Hinterkopf zu behalten.

Wenngleich die Entwicklung eines Leitbildes bereits Veränderungen mit sich bringt, so wird ein unmittelbarer Erfolg kaum zu bewerten sein. Zum einen lassen sich die Ergebnisse lediglich qualitativ messen und zum anderen ist die Umsetzung ein langfristiger stetiger Prozess. Wie eingangs erwähnt handelt es sich bei Leitbildern um Einstellungskonfigurationen der Organisation selbst und der einzelnen Individuen innerhalb dieser zu sich Selbst und der Umwelt. Einstellungen sind in ihrer Veränderlichkeit träge. Durch das Ansprechen von mehreren Aspekten (Denken [Ziele und Strategien], Fühlen [Vision und Mission] und Verhalten [Philosophie und Kultur]) lassen sie sich verändern, wobei die Umsetzung auf mehreren Ebenen (vgl. Artikel „Ebenen von Entwicklungs- und Veränderungsprozessen" in diesem Band S. 57-80) gleichzeitig stattfinden sollte. Besondere Relevanz hat hierbei die simultane Bearbeitung von struktureller und kultureller Ebene.

Mit einer Formulierung von einzelnen Leitsätzen und nachfolgender Evaluation ist es daher nicht getan. Der Weg ist das Ziel. Heitger und Doujak warnen im Rahmen von Veränderungsprozessen sogar vor langwierigen und hemmenden

Evaluationsprozessen und ernüchternden Ergebnissen (vgl. Heitger & Doujak 2014, S. 127).

Aus unserer Sicht zeichnen sich Leibilder herausragend in ihrer Orientierungsfunktion aus (vgl. Artikel „Die Architektur von Veränderungsprozessen" in diesem Band S. 17-56). Sie sind aufgrund ihrer Relevanz als entscheidendes Element von Veränderungsprozessen grundsätzlich zu berücksichtigen, ungeachtet, welche Visualisierung zugrunde liegt. Es bietet sich darüber hinaus an, die in diesem Artikel herausgestellten Bestandteile und deren Beziehungen zueinander um einen konkreten methodischen Zugang zu erweitern (vgl. folgender Artikel in diesem Band: „Die Orientierungs- und Motivationsfunktion organisationaler Leitbilder" in diesem Band S. 113-135).

Literatur

Belzer, Volker (1998): Sinn in Organisationen? –oder: Warum haben moderne Organisationen Leitbilder? 2. Aufl. (1998), München, Mering: Hampp

Bleicher, Knut (1994): Leitbilder. Orientierungsrahmen für integrative Managementphilosophie, Stuttgart: Schaeffer-Poeschel

Duden Herkunftswörterbuch (2007): Das Herkunftswörterbuch. Etymologie der deutschen Sprache. Die Geschichte der deutschen Wörter bis zur Gegenwart. 20000 Wörter und Redewendungen in ca. 8000 Artikeln, 4. Aufl. (2007), Mannheim: Dudenverlag

El-Namaki, M. S. S. (1992): Creating a Corporate Vision, in: Long Range Planning: Elsevier. Vol. 6, pp. 25-29

Gabele, Eduard / Kretschmer, Helmut (1985): Unternehmensgrundsätze, Frankfurt a.M.: Peter Lang

Gabler Wirtschaftslexikon (2004): K-R. Leitbild, 16. Aufl. (2004), Wiesbaden: Springer

Ganz, Walter / Graf, Nicole (2006): Unternehmenskultur und Leitbilder – wieder auf die Agenda! in: Ganz, Walter/ Graf, Nicole (Hrsg.) (2006): Leitbilder – gelebte Werte oder nur Worte? Stuttgart: Frauenhofer IRB Verlag, S. 9-17

Garcia, Felipe N. (2006): Winning Together, in: Mohr, Günther / Steinert, Thomas (ed.) (2006): Growth and Change for Organizations. Transactional Analysis. New Developments 1995-2006, Bonn: Kulturpolitische Gesellschaft e.V., pp. 429-445

Grünig, Rudolf (1988): Unternehmensleitbilder. Grundzüge eines Verfahrens zur Erarbeitung und Revision, in: Zeitschrift für Führung und Organisation, Vol. 57 / 4., pp. 254-260

Habscheid-Führer, Thomas / Grothaus, Christian J. (2016): Über den Zusammenhang von Unternehmenskultur und Architektur. Denkanstöße für Architekten, Manager und Bauherren, Wiesbaden: Springer

Heitger, Barbara / Doujak, Alexander (2014): Harte Schnitte. Neues Wachstum: Wandel in volatilen Zeiten. Die Macht der Zahlen und die Logik der Gefühle im Change Management, 2 Aufl. (2014) München: mi-Wirtschaftsbuch

Kasper, Helmut / Mayrhofer, Wolfgang / Meyer, Michael (1999): Management aus systemtheoretischer Perspektive. Eine Standortbestimmung, in: Eckardstein, Dudo v. / Kasper, Helmut / Mayrhofer, Helmut (Hrsg.) (1999): Management. Theorien. Führung. Veränderung, Stuttgart: Schaeffer-Poeschel, S. 161-209

Klaußner, Stefan (2016): Partizipative Leitbildentwicklung. Grundlagen, Prozesse und Methoden, Wiesbaden: Springer

König, Oliver / Schattauer, Karl (2012): Einführung in die Gruppendynamik, 6. Aufl. (2012), Heidelberg: Carl Auer

Lippitt, Lawrence L. (1998): Preferred Futuring. Envision the future you want and unleash the energy to get there, San Francisco: Berett-Koehler

Matje, Andreas (1996): Unternehmensleitbilder als Führungsinstrument. Komponenten einer erfolgreichen Unternehmensidentität, Wiesbaden: Gabler

Rüegg-Stürm, Johannes / Grand, Simon (2017): Das St. Galler Management-Modell, 3. überarb. Aufl. (2017), Bern: Haupt

Senge, Peter M. (2011): Die fünfte Disziplin. Kunst und Praxis der lernenden Organisation, 11. Aufl. (2011) Stuttgart: Schaeffer-Poeschel

Scharmer, Claus Otto (2009): Theorie U. Von der Zukunft her führen, Heidelberg: Carl Auer Systeme

Schmidt, Siegfried J. (2004): Unternehmenskultur. Die Grundlage für den wirtschaftlichen Erfolg von Unternehmen, Weilerswist: Velbrück Wissenschaft

Schreyögg, Georg / Koch, Jochen (2015): Grundlagen des Managements: Basiswissen für Studium und Praxis, Wiesbaden: Springer Gabler

Willke, Helmut (1996): Systemtheorie II: Interventionstheorie, 2. Aufl. (1996), Stuttgart: Lucius & Lucius

Entwicklungsarbeit mit
Organisationen

05

Martin Thiele, Michael
Korpiun

Die Orientierungs- und
Motivationsfunktion
organisationaler Leitbilder

Die Orientierungs- und Motivationsfunktion organisationaler Leitbilder

Martin Thiele, Michael Korpiun

Zusammenfassung

Dieser Artikel baut auf dem Leitbildmodell des Artikels „Ein Leit-bild-Modell zur praktischen Anwendung in Workshops" (vgl. Ar-tikel in diesem Band S. 81-111) auf. Zuerst wird das Modell auf organisationale Veränderungsprozesse bezogen (1). Hierfür ver-tiefen die Relevanz von Leitbildern als Orientierungs- und Moti-vationsfunktion in Organisationen im Sinne eines unternehmens-politischen Steuerungsinstruments (2). Wir erläutern zunächst die Bedeutung eines gelungenen Leitbild-Prozess im Hinblick auf die Verbesserung eines Sinnverständnisses, der Identifikation und der Effektivität von Organisationen. In einem weiteren Schritt stellen wir Bezüge zu den transaktionsanalytischen Mo-dellen her, um die Transferierbarkeit in konkrete Maßnahmen zu verdeutlichen (3). Zum einen lässt sich das das Leitbildmodell auf das Modell der Gruppenkräfte (3.1) und das Modell der Grundbedürfnisse (3.2) beziehen, um die angesprochene Funk-tion der dahinterliegenden Orientierung und Motivation deutlich zu machen.

115

1. Das Leitbild-Modell und der Bezug zu Entwicklungs- und Veränderungsprozessen

1.1. Modellzusammenfassung

Das Gebäudemodell illustriert die komplexe Vernetzung und Wirkketten der einzelnen Leitbildaspekte und verdeutlicht den Kohärenzbedarf der einzelnen Komponenten zueinander. Ein Gebäude mit einem maroden Dach, einer nicht intakten Bodenplatte oder verschieden ausgeprägten Wänden ist anfälliger und droht einzustürzen.

In unserem Verständnis obliegt der Rohbau eines Gebäudes der Führung (was trotzdem eine partizipative Leitbildentwicklung ermöglicht) während der „Innenausbau", also die konkrete Gestaltung und Umsetzung der Strategie sowie Ableitung entsprechender Maßnahmen eine Aufgabe der Gesamtorganisation darstellt. Die Umsetzung eines Leitbildes beginnt bereits im Prozess der Erstellung. Nur wenn dieser Prozess gut gelingt indem die verantwortliche Führung sich intensiv mit den verschiedenen Facetten selber auseinandersetzt und damit ein geteiltes Bild über Leitbildinhalte und deren Entwicklung besitzt, kann ein Leitbild in der Umsetzung auf der Grundlage konsistenter Botschaften Wirksamkeit entfalten.

1.2. Bezug zu Entwicklung- und Veränderungsprozessen

Im Kontext von Leitbildern wird häufig das folgende Zitat aus Saint-Exupérys „Citadelle" genutzt:

„Und doch werden sie alle eine Einheit bilden. Denn ein Schiff erschaffen, heißt nicht die Segel hissen, die Nägel schmieden, die Sterne lesen, sondern die Freude am Meere wachrufen [...]." (Saint-Exupéry 1954, S. 274) Damit wird auf die besondere Bedeutung von Mission, Visionen und Zielen verwiesen, deren emotionale Aufladung aber eben auch auf die Relevanz einer einheitlichen Botschaft.

Unterstrichen wird unseres Erachtens damit auch die Notwendigkeit der Konsistenz der einzelnen Aspekte eines Leitbilds. Die einzelnen Komponenten stehen daher in einer starken Wechselwirkung und bringen nur in Kombination eine wirksame Umsetzung hervor.

Wesentliches Ziel und Zweck eines Leitbildes ist es, den Mitgliedern der Organisation eine umfassende und stimmige Orientierung zu geben sowohl in der inhaltlichen als auch der kulturellen Dimension. Diese Orientierung ermöglicht es mir als Mitarbeitender eine expliziten (und nicht nur impliziten) Abgleich mit den eigenen Vorstellungen vorzunehmen und darauf basierend zu einem wirklichen Committment zu kommen. Dies wiederum hat signifikante Auswirkungen auf die Motivation und damit verbundene Eigeninitiative in der Umsetzung der Ziele, auch deutlich über den eigenen Verantwortungsbereich hinaus.

Wir möchten im Folgenden deutlich machen, welche Teilaspekte sich aus der konsistenten Verbindung der wesentlichen Leitbildelemente genau für dies Orientierungs- und Motivationsfunktion ergeben.

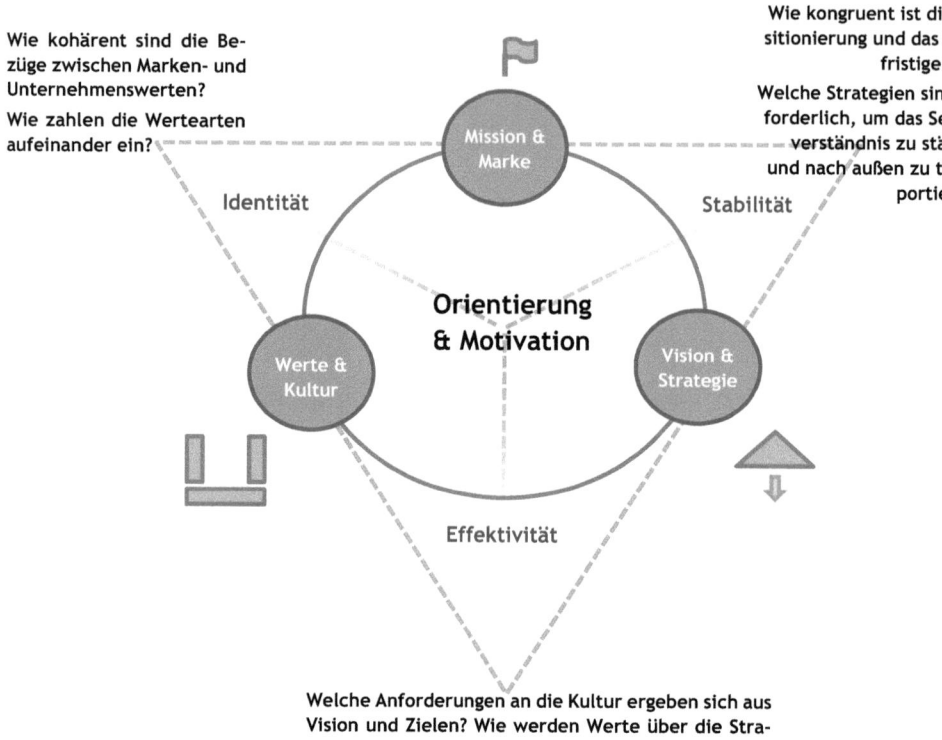

Wie kohärent sind die Bezüge zwischen Marken- und Unternehmenswerten? Wie zahlen die Wertearten aufeinander ein?

Wie kongruent ist die Positionierung und das langfristige Ziel? Welche Strategien sind erforderlich, um das Selbstverständnis zu stärken und nach außen zu transportieren?

Identität

Stabilität

Orientierung & Motivation

Effektivität

Welche Anforderungen an die Kultur ergeben sich aus Vision und Zielen? Wie werden Werte über die Strategie umgesetzt und verankert?

Abbildung 1: Zusammenhänge zwischen Aspekten eines Leitbildes (eigene Darstellung).

Die **Identität** (persönliche Orientierung) bezeichnet die Übereinstimmung mehrerer Merkmale innerhalb einer Entität. Diese wird vor allem durch die Kohärenz von Werten und Kultur sowie der Mission gestiftet. Eine klare Selbstdefinition nach innen (Werte) sowie in der Darbietung nach außen (Mission) wird durch ein Muster wünschenswerter Ideale zur Orientierung und konkret dem, wie etwas getan wird, also welche Entscheidungen gefällt werden und wie diese umgesetzt werden, festgelegt. Identität bildet sich aus zielgerichteten Handlungen und umgekehrt (vgl. Eagleton 2001). In Bezug auf die Mission ist relevant, dass die Identität im Innen wie im Außen übereinstimmt und in der Anpassung zu den Ansprüchen Externer eine angemessene Auswahl getroffen wird, um die jeweilige Authentizität zu wahren. Der Begriff Identität hat eminent Sinnthemen zur Grundlage (Was tun wir? Wofür sind wir da? Was ist uns wichtig?). Die Identität einer Organisation bildet sich also an den Schnittstellen von jeweiligen Individuen und der Organisation als Ganzes und der Organisation als Ganzes zu ihrer Umwelt heraus. Eine Identität ist basal an eine Mission gebunden, insofern sie an dieser Stelle eine Vernetzung mit der Umwelt eingeht: Welche Werte liegen der Organisation zugrunde? Inwiefern lassen sich die Werte mit der Umwelt vereinbaren? Mit welchem Sinn verbindet sich die Organisation mit der Umwelt (jeweiliger Nutzen für Umwelt und Organisation)? Und inwiefern grenzt sich die Organisation von der Umwelt ab (Existenzlegitimation)? Laut Bleicher bildet sich aus der Identität einer Organisation die Fähigkeit zum Überleben und zur Entwicklung, welche wiederum aus Elementen des normativen Managements hervorgehen können (vgl. Bleicher 1994, S. 16; s. u. Gruppenkohäsion). Ist das Selbstverständnis einer Organisation geklärt, so können ihre Mitglieder leichter und flexibel auf Problemstellungen reagieren und Handlungsfähig bleiben (vgl. Belzer 1998, S. 48).

Die **Effektivität** (inhaltliche Orientierung) geht aus der Übereinstimmung von Vision inkl. der daraus abgeleiteten Strategien und der Kultur inkl. Werten hervor. Effektivität ergibt sich also aus der Zweckdienlichkeit und lässt sich an dem Verhältnis von gegenwärtig erreichtem zu einem festgelegten Ziel verorten. Eine wirksame Arbeit wird durch eine klare Vorstellung über einen Zielzustand und dem konkreten dazugehörigen Handlungs-

und Entscheidungswerkzeug und dem was tatsächlich getan wird ermöglicht (Wohin wollen wir? Wie gelangen wir dorthin? Wie arbeiten wir zusammen?). Wenn Wissen vorhanden ist, nach welchen Orientierungsmustern etwas getan werden oder Lösungen gefunden werden können und wie das konkrete Ziel aussieht, kann konsequent vorangegangen werden und es kommt nicht zu einem Verlieren in Grundlagen- und Detailfragen. Die Effektivität wird so nicht durch Abstimmungs- oder Verständigungsprobleme behindert. Eine Vision und die abgeleiteten Ziele können nur dann wirksam erreicht werden, wenn die kulturellen Werte und Verhaltensweisen diese maßgeblich unterstützen. Ambitionierte Ziele sind in einer apathischen Kultur nicht erreichbar, ungeachtet wie gut diese inhaltlich abgeleitet werden. Je besser also die beiden Komponenten Vision (Strategien) und Kultur (Werte) abgestimmt sind, desto höher die Effektivität in Umsetzung und Zielerreichung.

Die **Stabilität** (zeitliche Orientierung) ergibt sich durch die Langfristigkeit und Kongruenz von Vision/Strategie und Mission. Ein Image, dass sich aus einer Mission ergibt, sowie eine klare ideale und langfristige Endzustandsbeschreibung führt zu einer zeitbeständigen Orientierung (Wohin wollen wir? Wie wird sich das nach innen und außen tragen? Wie gelangen wir dorthin?). Wenn klar ist, dass sich das Idealbild und die langfristige Ausrichtung nicht täglich ändern und fragmentieren, dann wissen alle Beteiligten, dass die gegebenen Inhalte auch voraussichtlich morgen noch zur eigenen und zur Organisationsidentität und Arbeitsweise passen werden. Das bedeutet nicht, dass keine Veränderungen stattfinden dürfen, sondern dass diese aufgrund der übrigen Strukturen für alle Beteiligten erklärbar, nachvollziehbar und integrierbar sind.

Schon seit den ersten Überlegungen zu Veränderungsprozessen wie bei Lewins 3-Phasen-Modell (unfreeze – move – freeze) hat

Stabilität neben Veränderung eine erhebliche Relevanz zur Etablierung. Bleicher konstatiert, dass Leitbilder eine Stabilisierungsfunktion innehaben, welche aufgrund steigender Komplexität unabdingbar ist (vgl. Bleicher 1996, S. 11). Globalisierung, Fusionen oder Dezentralisierung erfordern ein hohes Maß an flexibler Anpassungsfähigkeit und die Wahrung von einer operativen Selbstständigkeit, welche sich an einer gemeinsamen Vision orientiert. Geht die Stabilität verloren geht damit auch eine Fragmentierung von Bereichen und ein schleichender Identitätsverlust einher (vgl. Belzer 1998, S. 42).

Stabilisieren, Beharren und Optimieren haben bereits länger eine negative Konnotation inne, da sie den Anforderungen des Marktes hinsichtlich Flexibilität und Anpassungsfähigkeit vermeintlich entgegenstehen und weniger Innovationsfähigkeit hervorbringen können. Vor allem Bleicher betont jedoch die Bedeutsamkeit von Stabilität hinsichtlich gewachsener Flexibilitätsansprüche, welche eine Verlässlichkeit in Veränderungsprozessen bieten und – sofern sie auf Selbstständigkeit und Lernfähigkeit ausgerichtet sind – überdies Neuerungen adäquat und fakultativ hervorbringen. Mission und Vision bilden sowohl im Inneren als auch im Äußeren die Leitplanken für den Prozess, in dem alle Bestandteile auf Kurs gehalten werden können und gegenüber auflösenden Einflüssen – sowohl innerhalb, als auch außerhalb der Organisation – resilient sein können (vgl. Gruppenkohäsion s.u.).

In Bezug auf das konkrete Leitbildergebnis ist hierbei relevant, dass dieses nicht zu starr ist, um flexibel auf besondere Ereignisse reagieren zu können und individuellen Entwicklungsraum zu ermöglichen, um keine Frustrationen hervorzurufen. Wagner et al. gehen davon aus, dass Leitbilder prinzipiell zu zäh veränderlich sind, um Veränderungen abfedern zu können und stets Orientierung und Identität zu bewerkstelligen (vgl. Wagner et al. 2017, S. 396). Je nach Leitbild wird eine entsprechende Kultur hervorgebracht oder verändert. Die Leitplankenmetapher ist insofern sinnvoll, als dass sie darauf verweist, dass zu enge Vorgaben eine unflexible Kultur hervorbringen können und zu weite Leitbilder eine inaktive Kultur begünstigen.[13] Sind die Vorgaben im Rahmen eines Leitbildes ausbalanciert, so kann sich eine gesunde und bewegliche Kultur entwickeln, welche im Sinne Senges lernender Organisation reflexiv und flexibel auf veränderte Ansprüche reagieren und Innovationen hervorbringen kann (vgl. Senge 2011). Es ist daher notwendig zwischen Widerstand, Überanpassung, Stabilität, Instabilität und reflexivem Innovationen hervorbringendem Hinterfragen zu unterscheiden. Berne würde in diesem Zusammenhang von einer autonomen Qualität sprechen, welche sich an gegebenen Sachverhalten orientiert und frei von skripthaften Reaktionen ist.

Aus den drei Komponenten Identität, Effektivität und Stabilität ergeben sich sowohl eine persönliche, inhaltliche und zeitliche Orientierung als auch ein hohes Maß an Motivation (Motive zur Handlungsbreitschaft), sofern diese aus dem Leitbild erwachsend resilient ausgeprägt sind. Die Mitglieder einer Organisation fühlen sich verantwortlicher für diese (Motivation) und die Organisation wird gleichzeitig resilienter gegenüber auflösenden Kräften (Orientierung) (vgl. Belzer 1998, S. 21).

Um die o.g. Zusammenhänge weiter zu verdeutlichen und Hinweise für mögliche sinnvolle Interventionen zu gewinnen, möchten wir zwei vertiefende Modelle aus der Transaktionsanalyse hinzuziehen.

---

[13] nach Berne: kraftlose oder spröde Kulturen (ebd. 1963, S.285)

2. Vertiefung anhand von gruppen- und motivationstheoretischen Modellen der Transaktionsanalyse

Aus der vorliegenden Grafik lassen sich folgende Bezüge zu transaktionsanalytischen Modellen ableiten: Zum einen lässt sich diese auf gruppentheoretische Überlegungen anwenden (Gruppenkohäsion und Gruppenarten) und zum anderen auf das Konzept der Grundbedürfnisse, worüber die Relevanz von Leitbildern in Veränderungsprozessen zusätzlich untermauert wird.

2.1. Gruppentheoretische Verknüpfungen

Die Entwicklung eines Leitbildes trägt dazu bei, für eine Organisation **Kohäsion**[14] nach innen und außen zu schaffen (Modell der Gruppendynamik nach Berne 1979, S. 103 ff. und 118ff.). Kohäsion, im Sinne einer gemeinsamen Orientierung einer Gruppe (nach innen und außen) kann vor allem in Bezug auf den Identitätsaspekt (Werte/Kultur und Mission/Marke) verstanden werden. Ackoff sieht als Bedingung für die Überlebensfähigkeit (und Entwicklungsfähigkeit) einer Organisation, den Zustand eigenen und fremden Ansprüchen gerecht zu werden und nennt diese Transformationsfähigkeit (vgl. Bleicher 2004, S. 80 f.; Ackoff 1981). Heitger und Doujak würden hier von Veränderungsfähigkeit sprechen (vgl. Heitger & Doujak 2014). Ansprüche können in der Terminologie Bernes in Bezug auf auflösende Kräfte innerhalb der Gruppe verstanden werden, die bewältigt werden

---

[14] Gruppenkohäsion n. Berne: Korrespondierend zum chemischen Begriff der Kohäsion, bezeichnet Berne damit die Kräfte im Inneren einer Gruppe, die diese zusammen halten und somit ihre Existenz sichern (vgl. Berne 1979, S. 118). Druck von außen, Agitation, sowie individuelle Neigungen wirken hierbei für die Existenz der Gruppe gefährdend (ebd. S. 103ff.). Das Maß der Gruppenkohäsion bestimmt die Wirksamkeit der Gruppe und die Freude dieser an geleisteter Arbeit (vgl. ebd. S. 113f.).

sollten, um das Weiterbestehen der Gruppe gewährleisten zu können sowie die Arbeit an sachlichen Inhalten zu ermöglichen. Diese sind (vgl. Berne 1979, S. 103 ff.; vgl. Artikel „Erweiterung und praktische Anwendung des Modells der Gruppenkräfte & Gruppenarten von Eric Berne" in diesem Band S. 137-190):

In Bezug auf gruppeninterne Dynamiken

- den internen Hauptprozess zwischen Mitglieder- und Führungsregion als Agitation
- den internen Nebenprozess als Aushandlung individueller Neigungen zwischen Gruppenmitgliedern

und in Bezug auf von außen eindringende Kräfte:

- den externen Gruppenprozess als Druck von außen

Auflösende Kräfte im Inneren können bspw. durch Wachstum, Umstrukturierung (Globalisierung, Dezentralisierung, Produktdiversifizierung) und Konflikte zwischen Beharrern oder Erneuerern hervorgerufen werden (vgl. Belzer 1998, 16 f.). Im Äußeren können wirtschaftliche, technologische, politische oder soziale Veränderungen (z.B. behördlicher Druck) auflösend wirken (vgl. Belzer 1998, S. 17).

Die hierzu gegenläufigen Prozesse werden in der transaktionsanalytischen Terminologie stets als Kohäsion bezeichnet. Kann eine Organisation den Ansprüchen in ausgewogenem Maß gerecht werden (Kohärenz), existiert Kohäsion sowohl im Inneren wie auch zur äußeren Umwelt. Die kohäsiven Kräfte überwiegen die gruppenauflösenden Kräfte. Es müssen weniger Ressourcen nach außen (Kampfgruppe) oder innen (Entwicklungsgruppe) oder in beide Bereiche (Krisengruppe) investiert werden, um die eigene Struktur aufrecht zu erhalten (vgl. Berne 1979, S. 113, vgl. Artikel „ Erweiterung und praktische Anwendung des

Modells der Gruppenkräfte & Gruppenarten von Eric Berne" in diese Band S. 137-187). Die Organisation kann sich in seiner stabilen und harmonischen Innen- und Außenorientierung wirksam und mit Freude schöpferischen Tätigkeiten zuwenden (vgl. Berne 1979, S. 108 ff.). Durch gruppenauflösende Kräfte entsteht der Bedarf nach Entwicklung und / oder Kampf, welchem mit einem entsprechenden Leitbildprozess beigekommen werden kann.

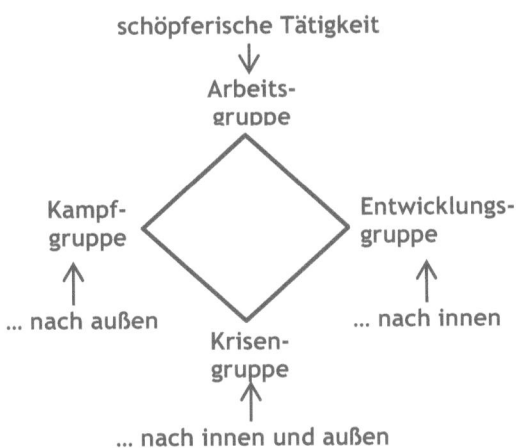

Abbildung 2: Gruppenarten nach Tätigkeiten, Energiefokussierung.

Kohäsion entsteht dabei weniger durch das Ergebnis, sondern durch den Prozess des Erarbeitens an sich. Aufgrund der intensiven Auseinandersetzung aller Beteiligten zu den drei Feldern des Leitbildes und dem Ringen um die richtigen Begrifflichkeiten und deren Deutungsmöglichkeiten können die Felder kohärent zueinander entwickelt werden. Schon während des Prozesses kommt es dabei zu entsprechenden Verhaltensausprägungen. Es wird eine bestimmte Kommunikation kultiviert und Umgangsformen für unterschiedliche Standpunkte und gemeinsame Perspektiven ermittelt, woraus sich wiederum bestimmte Informationsflüsse und Entscheidungsqualitäten ergeben. Die Beteiligten werden gewahr über ihre Einstellungen und können diese offen legen und abgleichen. Sattelberger bezeichnet Kohäsion als emotionalen Klebstoff, welcher durch homogene Erfahrungsmuster, die im Rahmen von Workshops durch Problemlösungen und Veränderungen ermöglicht werden können, hervorgebracht wird (vgl. Sattelberger 2005, S. 246). Leitbildprozesse können damit als Initialzündung für kollektive Sozialisationsprozesse funktionieren (vgl. Sattelberger 2005, S. 246).

Aus unserer Erfahrung wird in einem gelungenen Prozess ein erheblicher Schritt zu einem gemeinsamen Grundverständnis entwickelt, das von allen akzeptiert, getragen und kommuniziert wird. Ein partizipativer Prozess stärkt daher die Gruppekohäsion von innen heraus. „Erstellung und Umsetzung des Leitbildes sollten als integrierter, untrennbarer Prozess angesehen werden" (Belzer 1998, S. 49). Eine durch einen diskursiven Leitbildprozess offengelegte und zum Gegenstand gemachte Heterogenität (z.B. zw. Erneuerern und Beharrern) kann hierbei entgegen der zunächst mittelbaren Vorstellung eines Konfliktes, vorbeugend gegenüber auflösenden Kräften wirken, da unterschiedliche Problemstellungen und Perspektiven berücksichtigt werden können und so bereits in der Entwicklung eine Resilienz ausgeprägt werden kann. Homogenität dagegen birgt weniger Koordinationskonflikte und hat gleichzeitig weniger Ressourcen inne.

Somit wird vertiefend deutlich, wie kohäsionsfördernd Leitbilder inhaltlich und vor allem auch vom Prozess selber her wirken können. Die erforderliche Konsistenz lässt sich auch hier über eine Zuordnung der Leitbildelemente zu den Grenzlinien deutlich machen.

Abbildung 3: Verortung der Leitbildthemen an den verschiedenen Grenzlinien von Gruppen.

Mission und Marke sind an der Grenzlinie der Organisation nach Außen, also der äußeren Hauptgrenzlinie, zu verorten. Wenn Mission und Marke differenzierend und kraftvoll ausgeprägt sind, können sie substantiell kohäsive Kraft der Organisation nach außen transportieren. Ebenso schwierig wird es, wenn Mission und Marke eher artifiziellen und/oder rein werblichen Charakter haben, ohne dass eine emotionale Aufladung durch die Mitglieder einer Organisation erfolgt, sie wirken damit kraftlos und sind durch externen Druck leicht zu destabilisieren.

Vision und Strategie lassen sich in erster Linie als von der inneren Hauptgrenzlinie ausgehend verstehen. Die Führung gibt nach innen ein klares Bild ab, wo sie mit der Organisation inhaltlich langfristig hinmöchte und stärkt damit maßgeblich die Kohäsion im Sinne einer einheitlichen und nachhaltigen Orientierung. Wenn die langfristige Zielsetzung als unklar, diffus oder immer wieder wechselnd wahrgenommen wird, ergibt sich dadurch eher eine Fragmentierung der Organisation verbunden mit der Verfolgung individueller bzw. abteilungsbezogener Ziele und Handlungsoptionen. Bestenfalls kommt es damit zu Teiloptimierung, im schlechtesten Fall stagniert die Entwicklung.

Die Aspekte Werte und Kultur sind vom Grundsatz her an allen Grenzlinien wirksam. Jenseits von Führungsaufgaben materialisiert sich deren Wirksamkeit aber vor allem an den Nebengrenzlinien. Berne spricht von syntoner Auseinandersetzung individueller Neigungen und meint damit, dass die Gruppenmitglieder es schaffen, miteinander die jeweiligen Unterschiede und Unterschiedlichkeiten in einem konstruktiven und offenen Prozess miteinander auszuhandeln. Damit wird Kohäsion unterstützt und es braucht per se keinen Eingriff der Führung, um genau diese Form der Auseinandersetzung zu ermöglichen. Gleichwohl unterliegt die Annahme, dass Führung sich ebenso verhält und damit vorbildhaft agiert.

Die Orientierungs- und Motivationsfunktion des Leitbilds verbindet sich hier sichtbar mit der Bedeutung, Kohäsion innerhalb einer Gruppe zu schaffen bzw. weiter zu entwickeln. Das Leitbild wird damit zu einem Kernelement in Entwicklungsprozessen hin zu Phasen einer Arbeitsgruppe und damit der Möglichkeit, als Organisation schöpferisch tätig zu sein.

2.2. Verknüpfung mit dem transaktionsanalytischen Konzept der Grundbedürfnisse: Wie Leitbilder und die sich daraus ergebende Trias Identität, Effektivität und Stabilität Grundbedürfnissen entgegenkommen

Die drei o.g. Felder (Marke/Mission, Vision/Strategie, Werte/Kultur) und die sich aus ihrem Zusammenwirken ergebende Orientierung und Motivation können im Kontext der Grundbedürfnisse nach Berne interpretiert werden welche

Stimuli, Anerkennung und Struktur umfassen (vgl. Berne 1979 S. 234ff.; 1998 S. 38f.). Insbesondere in Veränderungsprozessen wird die Befriedigung dieser Grundbedürfnisse häufig reduziert. Bestehende Strukturen lösen sich auf oder werden in Frage gestellt, bisher klare Strukturen werden diffus. Z.B. gehen radikale Veränderungen von Grundstrukturen i.d.R. mit einem Verschwimmen von Identität einher (vgl. Berne 1979, S. 97). Wird die Identität verändert oder berührt führt dies häufig zu Widerständen. Der gewohnte Grad an Stimulation in der Deutung sinnlicher Anregung verändert sich im Sinne von zu viel oder zu wenig. Die Beachtung reduziert sich häufig durch den Fokus auf sich selbst und seinen Bereich sowie Unklarheit darüber, wofür Beachtung zukünftig gegeben wird und wofür nicht (Anerkennungsmuster). Um dieser Verunsicherung der Grundbedürfnisse entgegenzuwirken schafft das Leitbild eine wesentlichen Orientierungsrahmen:

- Übergeordnet wird der **Sinn** hinter dem Prozess, die damit verbundenen Ziele und die Art der Zielerreichung vermittelbar.
- Der fehlenden oder unsicheren **Struktur** im Hier und Jetzt wird eine zukünftige Struktur bereitgestellt.
- Es wird **Stimulation** geschaffen, in der Möglichkeit der Auseinandersetzung mit dem Leitbild und der weiteren Ausgestaltung für die eigene Bedeutungsebene (eigener Bereich, Rolle etc.).
- Es wird deutlich, wofür **Anerkennung** und Beachtung gegeben wird (neues Streichelmuster).

Neben dem Orientierungsbezug wird dadurch auch der Motivationsbezug deutlich. Werden alle genannten Aspekte (Identität, Stabilität, Effektivität bzw. Mission & Marke, Werte & Kultur, Vision & Strategie) integriert und erfüllen die Grundbedürfnisse (Struktur, Stimulation, Anerkennung) in möglichst angemessenen Rahmen, so werden die übergeordneten Aspekte Orientierung und Motivation intensiviert. Im Sinne der Motivationspsychologie kann, sobald die Grundbedürfnisbefriedigung erfüllt ist und in den Hintergrund tritt, die Motivation auf andere Aspekte – also im Hinblick auf die Gruppenarten – auf eine schöpferische Tätigkeit gerichtet werden.

Es besteht eine verortende Assoziation des Feldes Werte und Kultur mit dem Bedürfnis nach Zuwendung, von Mission und Marke mit Stimulation sowie von Vision und Strategie mit Struktur:

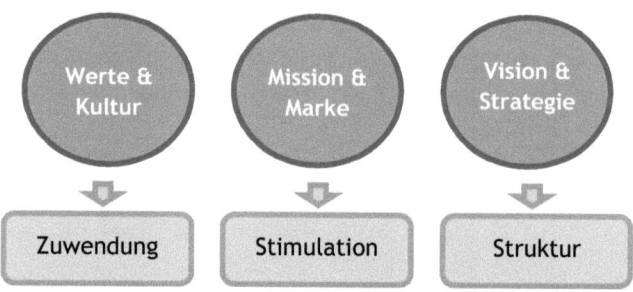

Abbildung 4: Zuordnung von Leitbildaspekten und Grundbedürfnissen.

Über die Werte und die Kultur einer Organisation werden maßgeblich Anerkennungsformen festgelegt und ausgeführt. Mission und Marke spielen im Hinblick auf Sinn und Zweckmäßigkeit eine Rolle und lassen sich daher dem Grundbedürfnis nach einer zielgerichteten Stimulation zuordnen. Vision und Strategie verweisen auf den Zielzustand und die konkrete Umsetzungsweise und haben damit einen strukturierenden Einfluss. Bei einem vorliegenden Mangel in einem Grundbedürfnis kann es daher hilfreich sein, zunächst die jeweils assoziierten Aspekte auf Mängel zu überprüfen und auszubessern.

130

Dies bedeutet in Bezug auf die Grundbedürfnisse und das Zuord-
nungsmodell der Leitbildbestandteile auch:

- Zuwendung + Stimulation = Identität
- Zuwendung + Struktur = Effektivität
- Struktur + Stimulation = Stabilität

Werden alle Aspekte durch das Leitbild genügend berücksichtigt
wird die Orientierung- und vor allem die Motivationsfunktion
deutlich unterstützt. Die Bereitschaft bis sogar zum Wunsch,
sich einzubringen und einen solchen Prozess zu unterstützen,
werden in sich als sinnstiftend erfahren.

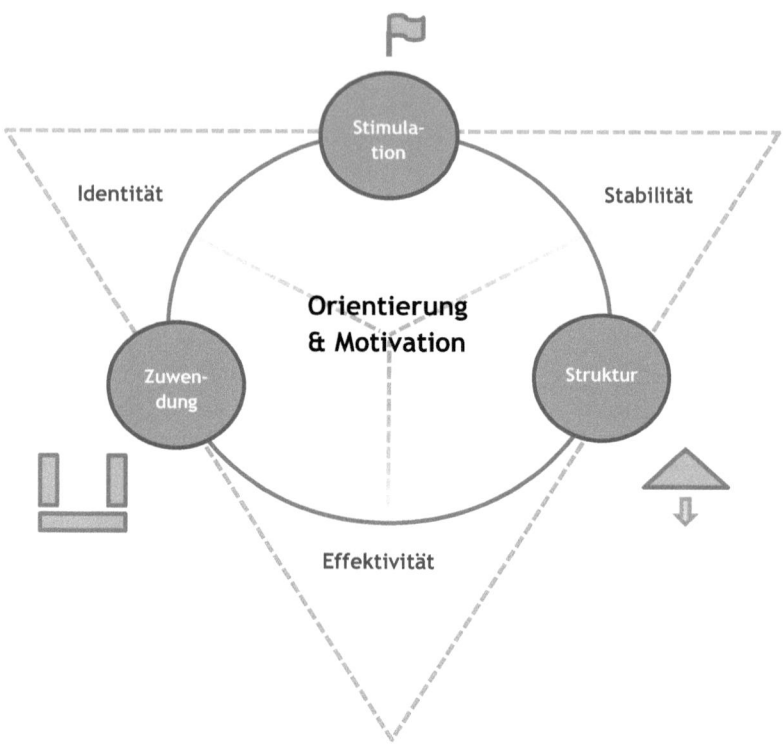

Abbildung 5: Korrespondenz der Aspekte Identität, Stabilität und Effektivität mit den Grundbedürfnissen nach Berne.

3. Fazit und Ausblick

Leitbilder sind hinsichtlich ihrer Zielerfüllung häufig nicht direkt messbar, langfristig orientiert und zeichnen sich in besonderer Weise durch eine Prozesshaftigkeit aus.

Um den Wert von Leitbildern zu erläutern, wurden die einzelnen Komponenten eines Leitbildes (vgl. Artikel „Ein Leitbildmodell zur praktischen Anwendung in Workshops" in diesem Band S. 81-111) in diesem Artikel in einem weiteren Schritt in Beziehung zueinander gesetzt und auf die Aspekte Identität, Stabilität und Effektivität bezogen, welche wiederum die Grundaspekte von Leitbildern - Orientierung und Motivation - hervorbringen.

In einem weiteren Schritt wurden diese Aspekte dann aufeinander bezogen, wobei:

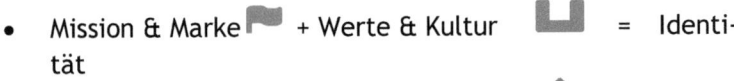

- Mission & Marke 🚩 + Werte & Kultur ⊔ = Identität

- Mission & Marke 🚩 + Vision & Strategie ⬆ = Stabilität

- Werte & Kultur ⊔ + Vision & Strategie ⬆ = Effektivität

Richtig ein- und umgesetzt können Leitbilder und ihre zu berücksichtigenden Bestandteile daher auf mögliche Defizite und Ressourcen hinweisen und als Ansatzpunkt für Analysen und Interventionen genutzt werden.

Die herausgearbeiteten Aspekte wiederum lassen sich vertiefend auf Modelle der Transaktionsanalyse beziehen:

- Konzept der Gruppenkohäsion: Sind alle Aspekte eines Leitbildes ideal erfüllt, so muss sich die Gruppe weniger mit Agitationen, destruktiven internen Nebenprozessen oder externem Druck befassen und kann sich vermehrt schöpferischen Tätigkeiten zuwenden. In Bezug auf den Leitbildprozess kann die gemeinsame Erarbeitung als kollektiver Sozialisationsprozess eine ausgeprägte Kohäsion schaffen.
- Konzept der Grundbedürfnisse: organisationale Umwälzungsprozesse führen i.d.R. zu verringerten

Strukturierungen, veränderten Anerkennungsmustern und es kann ein Mangel oder Übermaß an Stimulation entstehen. Ein Leitbild bietet für alle Grundbedürfnisse einen Orientierungsrahmen und sorgt so für Entlastung und Bedürfnisbefriedigung. Damit kann Energie zielgerichtet in gemeinsamen Aufgaben freigesetzt werden.

Belzer fasst zusammen, dass Leitbilder für die Sicherung des dauerhaften Überlebens und der Entwicklungsfähigkeit von Unternehmen unabdingbar sind (vgl. Belzer 1998, S. 16, 18). Die Verknüpfung mit Bernes Konzepten verdeutlicht, dass die Funktion eines Leitbildes bei Gelingen darüber hinausgeht und schöpferisches Arbeiten positiv bestärken kann und Aspekte von Überleben und hierzu notwendiger Entwicklung in den Hintergrund treten.

Literatur

Ackoff, Russell (1981): Creating corporate future, New York: Wiley

Belzer, Volker (1998): Sinn in Organisationen? -oder: Warum haben moderne Organisationen Leitbilder? 2. Aufl. (1998), München, Mering: Hampp

Berne, Eric (1963): Structure and Dynamics of Organization and Groups, New York: Ballantine Books

Berne, Eric (1979): Struktur und Dynamik von Organisationen und Gruppen, München: Kindler

Berne, Eric (1998): Was sagen Sie, nachdem Sie „Guten Tag" gesagt haben? Psychologie des menschlichen Verhaltens, 14. Aufl. (1998), Frankfurt a.M.: Fischer

Bleicher, Knut (1994): Leitbilder. Orientierungsrahmen für integrative Managementphilosophie, Stuttgart: Schaeffer-Poeschel

Bleicher, Knut (2004): Das Konzept Integriertes Management. Visionen - Missionen – Programme, Frankfurt a.M. /New York: Campus Verlag

Eagleton, Terry (2001): Was ist Kultur? Eine Einführung, München: Beck

Heitger, Barbara / Doujak, Alexander (2014): Harte Schnitte. Neues Wachstum: Wandel in volantilen Zeiten. Die Macht der Zahlen und die Logik der Gefühle im Change Management, 2. Aufl. (2014), München: mi-Wirtschaftsbuch

Saint-Exupéry de, Antoine (1954): Die Stadt in der Wüste. Citadelle, Düsseldorf: Karl Rauch

Sattelberger, Thomas (2005): Personalentwicklung in der Ära "Intellektuellen Kapitals". Eine grundsätzliche Standortbestimmung, in: Fatzer, Gerhard (Hrsg.) (2005): Nachhaltige Transformationsprozesse in Organisationen, Bergisch Gladbach: EHP Andreas Kohlhage S. 218-248

Senge, Peter M. (2011): Die fünfte Disziplin. Kunst und Praxis der lernenden Organisation, 11. Aufl. (2011), Stuttgart: Schaeffer-Poeschel

Wagner, Riccardo / Roschker, Nicole / Moutchnik, Alexander (2017): CSR und Interne Kommunikation: Forschungsansätze und Praxisbeiträge, Berlin/ Heidelberg: Springer

135

*Martin Thiele, Michael
Korpiun, Cornelia Jenke*

**Erweiterung und praktische
Anwendung des Modells der
Gruppenkräfte &
Gruppenarten von Eric Berne
oder wie eine Organisation zu
einer einheitlichen
Selbsteinschätzung ihrer Lage
gelangt**

Erweiterung und praktische Anwendung des Modells der Gruppenkräfte & Gruppenarten von Eric Berne oder wie eine Organisation zu einer einheitlichen Selbsteinschätzung ihrer Lage gelangt

Martin Thiele, Michael Korpiun, Cornelia Jenke

Zusammenfassung

Organisationen gelangen im Rahmen von Problembeschreibungen und -verortungen an ihre Grenzen, da die Meinungen hierüber auseinanderfallen. Damit wird die Bearbeitung von Herausforderungen verzögert bzw. gehemmt. Der folgende Artikel stellt mithilfe Gruppentheoretischer Konzepte eine Möglichkeit zur Verfügung, die es Gruppen ermöglicht, sich und ihre zugehörigen Herausforderungen selbstständig einheitlich zu identifizieren und daraus entsprechend weitere Vorgehensweisen abzuleiten. Zunächst wird in der Einleitung (1), ob der Länge des Artikels, eine detaillierte Vorgehensweise und der übergeordnete Sinn des Artikels beschrieben. Darauf folgt ein Überblick über Gruppentheoretische Modelle (2). Dann wird Bernes Gruppenmodell vorgestellt (3) und entsprechend dem Ziel eines organisationalen Bildabgleichs wird eine Modifikation des Modells vorgenommen (4) und die Bedeutung dessen im organisationalen Kontext beschrieben (5). In einem weiteren Schritt wird das Modell dann mit einem weiteren Modell vernetzt (6) und mit einem Praxisbeispiel illustriert (7).

*„Von frühester Kindheit an lernen wir, Probleme in ihre Ein-
zelteile zu zerlegen und die Welt zu fragmentieren. Dadurch
werden komplexe Aufgaben und Themen scheinbar leichter
handzuhaben, aber wir zahlen einen hohen Preis dafür. Wir
sind nicht mehr in der Lage, die Konsequenzen unseres Handelns zu erkennen; wir verlieren die innere Verbindung zu einem umfassenden Ganzen."*

Senge 2011, S. 13

1. Einleitung

Senges Zitat verweist auf die Schwierigkeit für komplexe Gruppen, mögliche Probleme oder Ressourcen einheitlich zu verorten
und somit adäquat und konstruktiv bearbeiten zu können. Die
zunehmende Dynamisierung des organisationalen Umfelds verbunden mit der nach wie vor bestehenden Strukturierung in unterschiedliche Verantwortungs- und Fachbereiche führt zu entsprechend immer mehr unterschiedlichen Perspektiven und
Herangehensweisen. Die Gefahr einer Fragmentierung vs. einer
Bündelung von Energie steigt entsprechend und reduziert damit
zunehmend die Erfolgsmöglichkeiten von Gruppen und Organisationen.

Der folgende Artikel stellt eine Verknüpfung zwischen mehreren
Konzepten bereit, welche die Verbindung einzelner Bereiche zu
einem umfassenden Ganzen einer Organisation herzustellen
sucht. Er kann aus unserer Sicht Grundlage sein für einen für
eine adäquate Lenkung der Energie einer Organisation, damit
diese nicht an unterschiedlichen Stellen versandet, sondern kanalisiert werden kann und so die Organisation voranträgt.

In diesem Artikel erfolgt eine Darstellung von Bernes Modellen der Gruppenkräfte und Gruppenarten, welche anhand von Erfahrungen aus der Praxis erweitert werden, um eine stichhaltige Basis für die einheitliche Bestandsaufnahme bzw. Diagnose von Organisationen und eine Ableitung entsprechender Interventionen bereitzustellen. Das Modell der Gruppenkräfte und Gruppenarten von Eric Berne ist aus unserer Sicht überaus relevant und hilfreich für die Arbeit in Organisationen. Es eignet sich hervorragend als Grundlage für einen Meinungs- bzw. Perspektivabgleich insbesondere im Führungskreis über die Einschätzung der aktuellen Situation und dessen Bedeutung im Hinblick auf die o.g. Energieverteilung und entsprechende Interventionen.

Erfahrungsbasiert möchten wir das Modell der Gruppenarten nach Berne zunächst erweitern. Mit Hilfe von Schiffs Ausblendungsmechanismen wird eine Erklärung dafür angeboten, aus welchen Gründen eine einheitliche Verortung des Zustands einer Organisation durch Führungskräfte unter Umständen nicht gegeben sein kann. Im Anschluss wird das erweiterte Modell nach Berne mit dem Modell die Organisationstypologie nach Heitger und Doujak angewendet, um eine kongruente Verortung bzw. einen Bildabgleich zu erleichtern. Mit Bildabgleich ist hier ein einvernehmliches Verständnis einer Bestandaufnahme unterschiedlicher Personen gemeint. Durch die Anwendung Heitgers und Doujaks Modells (ebd. 2014, S. 35 ff.) wird gleichzeitig die lernende Organisation nach Senge (vgl. ebd. 2011) zum Maßstab für optimal funktionierende Organisation inkl. einer ideal intakten Gruppenstruktur gesetzt.

Vorneweg wird eine allgemeine Einbettung in die Literatur zu Gruppendynamiken und -Prozessen vorgenommen, um einen Überblick zu schaffen und hier bereits auf gebräuchliche Methoden zur Bestandsaufnahme zu verweisen.

2. Relevanz und Definition von Gruppentheorien

Prinzipiell sind Gruppen aus systemischer Sicht als eine Komplexitätsreduktion und damit Effektivitäts- bzw. Evolutionsfähigkeitssteigerung verstehbar. Ein System bzw. eine Gruppe die sich nicht durch bestimmte Regeln, Verhaltensnormen, Werte, Rollenverständnisse und i.S.d. Systemtheorie eigene Operationen abgrenzt und legitimiert würde gar nicht existieren und könnte entsprechend auch keine Synergien i.S.v. „das Ganze ist mehr als die Summe seiner Teile" hervorbringen.

Aus sozialwissenschaftlicher Perspektive bedeutet die Existenz einer Gruppe oder Organisation stets, dass ihr auch Subjekte innewohnen, die nur ein Teil davon werden können, indem sie sich den Normen der Gruppe anpassen. Daher haftet diesem Themenbereich aus Sicht der Soziologie häufig – vor allem im Hinblick auf Leitbilder und die intransparente Beeinflussung und Kultivierung von Normen und Regeln ein negativer Zwischenton an. Es ist nicht das Ziel des Artikels, solche Zusammenhänge mit Euphemismen zu verschleiern, sondern ebenso die einzelnen Individuen einer Organisation als autonome Wesen zu berücksichtigen, welche sich aus einer reflexiven Haltung heraus mit den idealerweise transparenten Werten und Zielen einer Organisation identifizieren oder auseinandersetzen und diese mitgestalten können (vertiefend hierzu Artikel „Ein Leitbildmodell zur praktischen Anwendung in Workshops" in diesem Band S. 81-111 sowie „Die Orientierungs- und Motivationsfunktion organisationaler Leitbilder" in diesem Band S. 113-135). In diesem Zusammenhang können Widerstände oder inkongruente Problemverortungen als Spiegel dienen. Sie verdeutlichen Bereiche in denen für eine Organisation möglicherweise noch Entwicklungsbedarfe hinsichtlich einer reflexiven Haltung vorliegen. Gemäß Lippitts Aphorismus *„View resistance as a resource [...]"* (Lippitt 1998, S. 82) können Konflikte daher auf mögliche Potenziale und

Ressourcen für Veränderungen verweisen und als Herausforderungen bzw. Entwicklungsaufgaben betrachtet werden.

Modelle zur Diagnostik von Gruppen und Organisationen sind ebenfalls stets als Komplexitätsreduktion zu verstehen, wobei es sinnvoll ist, unterschiedliche Konzepte zu kennen und zu verbinden, um die unterschiedlichen Problemlagen von Organisationen möglichst breit freizulegen und adäquat darauf reagieren zu können.[15] Zudem wirkt der gesamte Prozess der Bestandsaufnahme als Selbstbeforschung der Gruppe bzw. Organisation und kann bereits als Teil einer „systemischen Schleife"[16] verstanden werden (vgl. Amann 2009, S. 435). Eine Gruppe kann sich selbst von vorn herein als Teil des Bestandsaufnahmeverfahrens wahrnehmen. Erst durch das Nachvollziehen der Gruppe kann eine Diagnose ihre hilfreiche Wirksamkeit entfalten (vgl. Amann 2009, S. 435). Der Prozess einer Bestandsaufnahme hat einen rekonstruktiven Charakter (vgl. Konstruktivismus), weshalb er Reflexion und Selbstdistanzierung von der Organisation fordert (vgl. Amann 2009, S. 435 f.). Rekonstruktion erfolgt zudem maßgeblich durch Narration, weshalb gerade zu Beginn vornehmlich Interviews als Erhebungsmethode geeignet sind.

---

[15] Vgl. Triangulation in der empirischen Sozialforschung: durch Verschiedene Forschungsperspektiven auf das gleiche Phänomen wird die Validität der Ergebnisse erhöht.

[16] Systemische Schleife: ein Interventionsprozess inkl. Diagnostik folgt stets ähnlichen Grundoperationen, welche durch ständigen Austausch immer wieder neue heimliche Hypothesen generieren, bzw. vorhandene Hypothesen verändern und entsprechend den Prozess an sich verändern.

2.1. Gruppenprozesse

Es existieren zahlreiche Modelle zur Bestandsaufnahme und Kategorisierung von Gruppen und Organisationen. Die Begriffe Gruppendynamik und Gruppenprozess werden hierbei gelegentlich vermischt. Zu den Konzepten der Gruppenprozesse gehören neben der Neugründung auch die Gruppensozialisation sowie die Aufteilung und Fusion von Gruppen. Diese Konzepte beinhalten i.d.R. Phasenmodelle, welche nicht zwingend linear verlaufen, jedoch häufig eine ähnliche Anordnung aufweisen. Hierbei werden mehrere Phasen unterschieden, die in kommensurabler Form in Gruppen zu finden sind (in etwa: oberflächliche Kennenlernphase, Differenz- und Kongruenzbearbeitungsphase, geklärte Arbeitsphase). Im Beratungskontext stehen vor allem therapeutische und hierbei psychoanalytische bzw. psychodynamische Theorien (vgl. Bennis 1972, Berne 1979, Bion 1968, Hay 2009, Sandner 1978) im Vordergrund. Diese heben die individuellen Befindlichkeiten, ontogenetischen Aspekte der Gruppenmitglieder sowie die psychodynamische Ebenen von Gruppen hervor (vgl. Argelander 1972, Pritz 1988, Stock Whitacker & Lieberman 1965).[17] Es bestehen zudem weitere soziologische und ökonomische Gruppenprozesstheorien (vgl. Lewin 1963, Sherif 1968, Tuckman 1965, West 2004). In der

---

[17] Vertiefend hierzu:
Gfäller, Georg R.: Die Wirkungen des Verborgenen. Unbewusste Hintergründe kommunikativer Prozesse in Unternehmen und Institutionen
Sievers, Burkard (Hrsg.): Psychodynamik von Organisationen. Freie Assoziationen zu unbewussten Prozessen in Organisationen
Lohmer, Mathias (Hrsg.): Psychodynamische Organisationsberatung. Konflikte und Potentiale in Veränderungsprozessen
Giernalczyk, Thomas/Lohmer, Mathias (Hrsg.): Das Unbewusste im Unternehmen. Psychodynamik von Führung, Beratung und Change Management
Lohmer, Mathias/ Möller, Heidi: Psychoanalyse in Organisationen. Einführung in die psychodynamische Organisationsberatung

Ökonomie existieren Prozesstheorien, die sich auf ausdrücklich organisationale Veränderungsprozesse beziehen.

Prinzipiell lassen sich all diese Theorien analog zu Lerntheorien verstehen. Diese setzen zunächst eine Ausgangsstruktur voraus, die durch neue Gegebenheiten hinterfragt und neu ausgehandelt werden (müssen) und im Anschluss die ursprüngliche Struktur auf ein neues Niveau verändern, woraus sich ein Äquilibriums- streben (vgl. Piaget 1976) zwischen Repräsentationsstrukturen der einzelnen Gruppenmitglieder und der Gruppe im Sinne Elias' Ich-Wir-Balance (vgl. Elias 1996) ableiten lässt. Ist das Äquilib- rium ausgeglichen und eine entsprechende Balance vorhanden, kann sich die Gruppe auf der Sachebene uneingeschränkt der Arbeit widmen. Die einzelnen Phasen sind i.d.R. aufeinander aufbauend, d.h. dass keine Phasen übersprungen werden kön- nen, wobei es aber zu Regressionen oder systemischen Schleifen kommen kann. Unter diesem Gesichtspunkt kann nach Amann die Gruppenbestandsaufnahme als eine Suche nach relevanten Unterschieden (Leitdifferenzen) innerhalb der Gruppe verstan- den werden (vgl. Amann 2009, S. 430).

Leitdifferenzen erscheinen als ein herausragender Aspekt von Bestandsaufnahmen von Gruppen. Dabei steht nicht deren Til- gung und die Herstellung von Gleichheit im Vordergrund, son- dern die konstruktive Nutzung der Differenzen als Ressource v. a. in Bezug auf mögliche Synergien.

König und Schattenhofer bieten fünf Dimensionen zur grafischen Darstellung von Gruppenprozessen anhand eines Koordinatensystems an: Spannung – Entspannung, Harmonie – Konflikte, Arbeitsfähigkeit: hoch – niedrig, Zufriedenheit – Unzufriedenheit sowie Fremdsteuerung und Selbststeuerung (vgl. König & Schattenhofer 2012, S. 55, Abb. 1). Aus diesen graduellen und in Pole aufgespannten Kategorien lassen sich einvernehmliche Prozesskurven gestalten und die Dimensionen können anschließend miteinander verglichen werden.

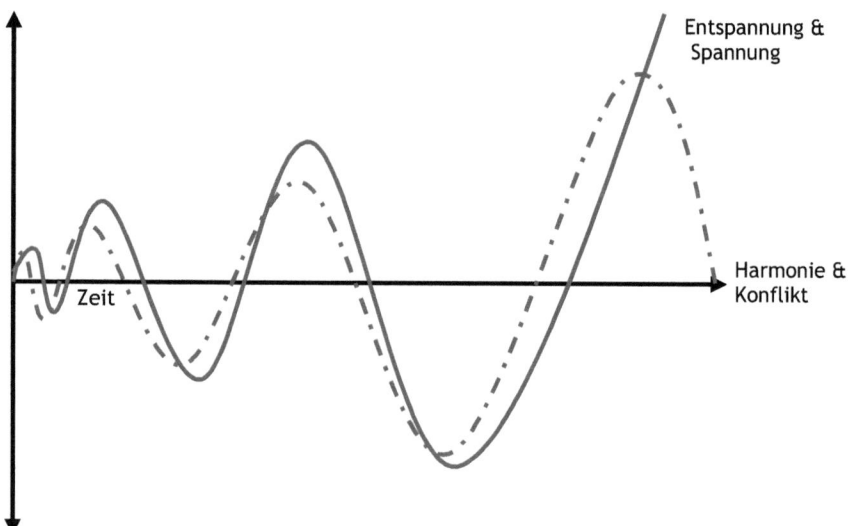

Abbildung 1: Verlaufskurven verschiedener Aspekte in Gruppenprozessen im Vergleich.

Die Kategorien an sich sind i.S.v. Leitdifferenzen prinzipiell eher den Gruppendynamiken zuzuordnen. Daraus wird bereits die Korrespondenz von Prozessen zu Dynamiken deutlich. Dynamiken können so im Rahmen von Gruppenprozessen sichtbar werden. König und Schattenhofer verweisen darauf, dass solche Verlaufskurven i.d.R. erst retrospektiv sinnvoll betrachtet werden können, da Entwicklungsprozesse Verunsicherungen enthalten, welche häufig erst nachträglich als unabdingbarer Bestandteil eines Prozesses betrachtet und integriert werden können (vgl. König & Schattenhofer 2012, S. 54). Wendepunkte dieser Dimensionen markieren dabei Stellen, an denen unausweichlich Gegenkräfte mobilisiert wurden und Pendelbewegungen in die umgekehrte Richtung initiiert wurden. Es bedarf quasi einen bestimmten Spannungsbogen bzw. Vorlaufphasen um Veränderungen bzw. Entwicklungen hervorzurufen.[18]

„Der Gruppenprozess ist [...] kein kontinuierlicher Integrationszug, sondern eher eine Pendelbewegung zwischen den Polen Differenzierung und Integration [...]" (Amann 2009, S. 417). Ausgehend von Lewins Feldtheorie erlauben diese Pendelbewegungen im Verlauf ein höher werdendes Maß an Differenzierung. „Ein gelingender Gruppenprozess führt nach diesem Modell nicht ausschließlich zu einer verstärkten Integration und Kohäsion der Gruppe, sondern auch zu einer stärkeren Differenzierung ihrer Individuen. Unterschiede können zugelassen und sich ergänzende Rollen ausgebildet, Spannungen und gegensätzliche Meinungen ausgehalten werden usw." (König & Schattenhofer 2012, S. 58). Je stärker die Pendelbewegungen dabei sind, desto

---

[18] Diese Anschauung ist vergleichbar zu Bions Anschauungen über Gruppendynamiken (vgl. Bion 1968). In seinem Verständnis bilden sich notwendige Spannungspotenziale für Entwicklungen über Grundängste heraus.

stärker die Entwicklung einer Gruppe (vgl. König & Schatten-hofer 2012, S. 58).

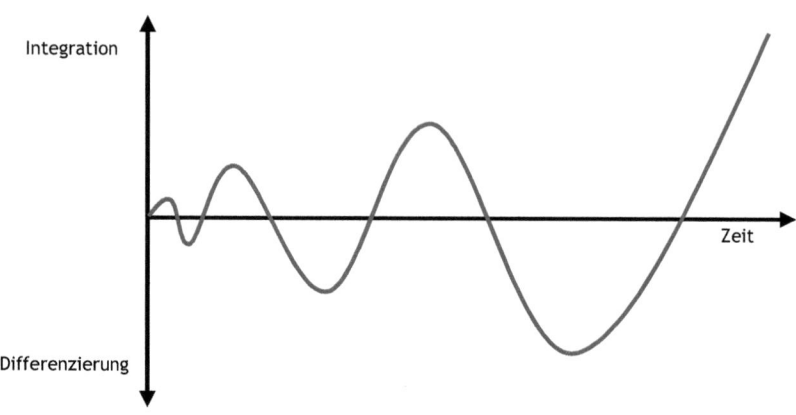

Abbildung 2: Vergrößerung der Pendelbewegungen einer Gruppe zwischen Differenzierung und Integration (König und Schattenhofer 2012, S. 58).

Krisen bilden somit gleichzeitig die Ressourcen von Gruppen, sofern sich diese in einem konstruktiven Umgang damit üben. König und Schattenhofer sehen in der Intensität von Spannungen Potenziale, welche notwendig für die Wirksamkeit eines Gruppenprozesses sind. Spannungen sollten daher nicht zu früh entschärft oder zu stark eskaliert werden, um eine optimale Entwicklung einer Gruppe zu ermöglichen und die Entwicklung und Bereitstellung gegenläufiger Kräfte für einen idealen Wendepunkt begünstigen (vgl. König & Schattenhofer 2012, S. 59). Die Pendelbewegungen bieten quasi den Erfahrungs- und Aktualisierungsraum von Gruppen.

Es lässt sich also konstatieren, dass prozessorientierte Bestandsaufnahmeverfahren von einer Reifung von Auseinandersetzungsformen ausgehen, wobei einer Organisation entsprechenden Prozessstufen zugeordnet werden kann. Gruppendynamische

Modelle zielen i.d.R. auf eine Verortung auf einem Spektrum von Leitdifferenzen ab. Daraus geht letztlich auch die Verlinkung zwischen Gruppenprozessen (Reifungsprozesse zur Aushandlung von Differenzen und Kongruenzen) und Gruppendynamiken (Differenzen an sich) hervor.

2.2. Gruppendynamiken

Der Begriff Gruppendynamik bezieht sich vornehmlich auf Muster, Anordnungen und Hierarchien. Hierbei wird bspw. nach Rollen und Verhaltensmustern unterschieden (Shepard, Schindler 1969, Bennis 1972, Bales et al. 1982, Moreno 1995). Es existieren unterschiedliche Konzepte zur Visualisierung von Gruppendynamiken und / oder Definition von Rollen innerhalb einer Gruppe (vgl. Bales et al. 1982, Hofstätter 1957, Moreno 1995, Schindler 1969). Ebenso bestehen unterschiedliche Leitdifferenzen z.B. Zugehörigkeit (Drinnen – Draußen), Macht (Oben – Unten) und Intimität (Nah – Fern) (vgl. Amann 2009, S. 425 ff.; Antons et al. 2004; König & Schattenhofer 2012, S. 34 ff.).

Das jeweilige Verständnis von Leitdifferenzen wird dabei maßgeblich vor allem durch Herkunftsfamilien und auch weitere Sozialisationsinstanzen wie bspw. Schule, Partnerschaften, Peergroups, Vereine, Ausbildung, Arbeitsplatz etc. individuell geprägt und stets im Rahmen von Gruppenprozessen aktualisiert (vgl. König & Schattenhofer 2012, S. 40). Der individuell erfahrene Umgang mit den jeweiligen Leitdifferenzen äußert und verändert sich im Rahmen von Gruppen. „All diese gesammelten Erfahrungen machen die Hintergrundfolie aus, vor der wir in Gruppen fühlen, denken und handeln." (König & Schattenhofer 2012, S. 42). Gruppen beinhalten außerdem verschiedene Dimensionen wie Sachebene, soziodynamische Ebene, psychodynamische Ebene i.S.v. Freud sowie Kernkonflikt, welche sich auf dem vollen Bewusstseinsspektrum bewegen können (vgl. König

& Schattenhofer 2012, S. 27 ff.). Gfäller geht davon aus, dass das Gruppenunbewusste aus allem Nicht-Kommunizierten (bzw. Nicht-Kommunizierbaren) besteht (vgl. Gfäller 2010, S. 94). Ungesagtes kann hierbei eine unüberschaubare Dynamik annehmen, die Energien bindet und die Leistungsfähigkeit einer Gruppe erheblich einschränken kann (vgl. Gfäller 2010, S. 42). Vor diesem Hintergrund erscheinen vor allem Dialoge bzw. Bildabgleiche opportun, wofür ein möglichst hohes Maß an Vertrauen und Sicherheit geschaffen werden sollte (vgl. Gfäller 2010, S. 94).

Je nachdem welche Dimensionen und Ebenen einer Gruppe betrachtet werden, werden unterschiedliche Aspekte sichtbar sein, weshalb es sinnvoll ist alle Aspekte bei der Analyse einer Gruppe zu berücksichtigen.

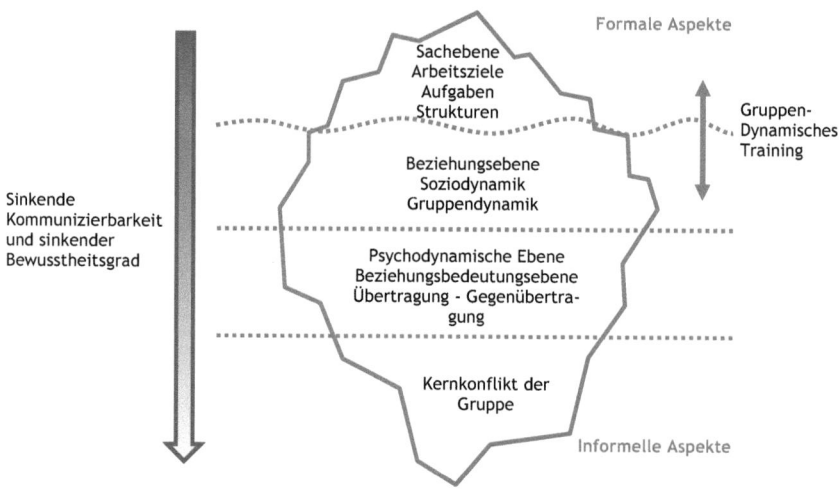

Abbildung 3: Horizontale Schnitte am Eisbergmodell aus König und Schatten-hofer (ebd. 2012, S. 27).

150

Gruppendynamische Konzepte berücksichtigen i.d.R. wenig die äußere Umwelt von Gruppen oder die Unterscheidung von Führungsregion und Mitgliederregion, was vor allem in Hinblick auf komplexe Organisationen von substanzieller Bedeutung ist. Bernes Modell beinhaltet beide Perspektiven und stellt diese anschaulich dar, weshalb es sich aus unserer Sicht grundsätzlich besonders für die Arbeit mit Organisationen eignet.

3. Theoretische Grundlagen zu Gruppen nach Eric Berne

Berne hat in seinem Buch "Struktur und Dynamik von Organisationen und Gruppen" entlang der Gruppenstruktur die in diesem Abschnitt folgenden Gruppenprozesse bzw. -kräfte erörtert (vgl. Berne 1979, S. 67, S. 103 ff.). Wie die meisten Theorien enthält auch Bernes Theorem sowohl ein Prozess- als auch Dynamikverständnis. Zum Zweck Übersichtlichkeit, wird an dieser Stelle auf eine konkrete Ausführung der Prozessstufen verzichtet, da hier die Gruppenarten im Vordergrund stehen.

Berne selbst beschreibt in seinem Buch maßgeblich Gruppenphänomene und bezieht sich vornehmlich allgemein auf Gruppen und daher eher indirekt auf Organisationen. Er sagt dazu „[...] es [ist] nicht erforderlich, zwischen Gruppen und Organisationen eine klare Trennungslinie zu ziehen. Eine solche Unterscheidung mag sich gelegentlich für Diskussionszwecke als dienlich erweisen, sie ist jedoch keine theoretische Notwendigkeit." (Berne 1979, S. 88) Dabei erhebt er den Anspruch der Übertragbarkeit auf Organisationen, die wir teilen. Berne versteht Organisationen lediglich als komplexer als herkömmliche Gruppen (vgl. Berne 1979, S. 16).

Das hier vorgestellte Bestandsaufnahmewerkzeug berücksichtigt alle Ebenen – vom Individuum bis zur Organisation – als jeweils miteinander vernetzt.

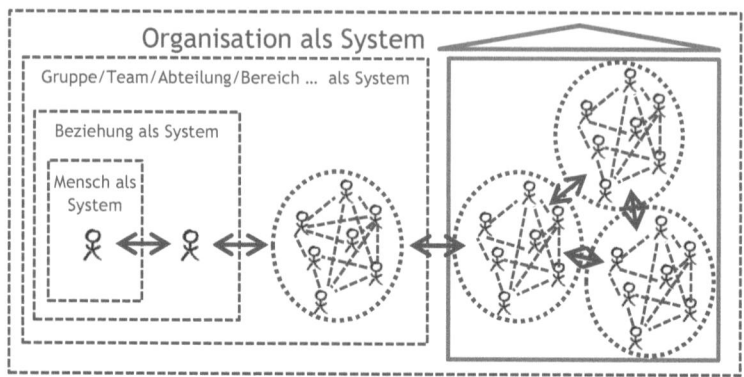

Abbildung 4: Organisationen als sinnorientierte Konstitutionen kollektiver Beziehungsbilder, Quelle: Korpiun, M. / Thiele, M. (2016): Organisationen als sinnorientierte Konstitution kollektiver Beziehungsbilder – Grundlagen eines beziehungsorientierten Organisationsverständnisses. In: Lohkamp, l. / Raeck, H. (Hrsg.): Tore und Brücken zur Welt. Willkommen in bewegten Zeiten, 1. Aufl. S. 192

Dabei wird von ebendiesen Ebenen jeweils das gesamte Bewusstseinsspektrum berücksichtigt. Zudem enthält jede Ebene jeweils Informationen aller anderen Ebenen. Einem Individuum innerhalb einer Organisation sind stets Teile aller anderen Ebenen inhärent:

152

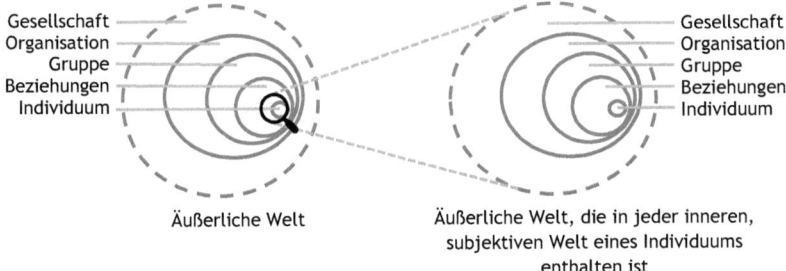

Äußerliche Welt

Äußerliche Welt, die in jeder inneren,
subjektiven Welt eines Individuums
enthalten ist

Abbildung 5: Betrachtungsebenen von Gruppen. Auf allen Ebenen sind jeweils Informationen aller anderen Ebenen enthalten. Hier am Beispiel der Individualebene illustriert (vgl. Tchelebi 2018, unveröffentlicht).

Bernes Konzept hat den meisten Modellen voraus, dass es das Gruppeninnere zusätzlich um eine Führungsregion vervollständigt. Zudem werden auch Prozesse zwischen den Individuen der Mitgliederregion ergänzt (s. Abb. 4: Innere Nebengrenzlinie). Das Modell unterscheidet sich von anderen Theorien vor allem dadurch, dass es alle Prozessarten gleichermaßen würdigt. Die beschriebenen Prozessarten richten sich auf solche, die auf den Erhalt gegenüber der Zersetzung einer Gruppe zielen. Das Theorem ist aus unserer Sicht vergleichbar mit einem Energieverteilungskonzept, welches eine Verortung des Energiefokus einer Gruppe aufzeigt. Es folgt nun zunächst eine Übersicht, über die möglichen von Berne beschriebenen Prozessarten von Gruppen:

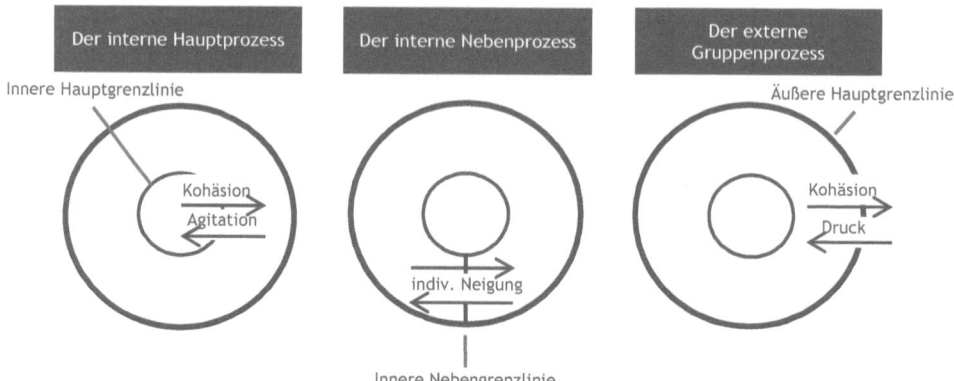

Abbildung 6: Unterscheidung der drei Gruppenprozessarten nach Berne.

- Der *interne Hauptprozess* befindet sich entlang der inneren Hauptgrenzlinie zwischen Führungs- und Mitgliederregion, welche durch die gegenläufigen Kräfte der Agitation[19] von der Mitglieder- zur Führungsregion und der Kohäsion[20] von der Führungs- zur Mitgliederregion beschrieben wird (vgl. Berne 1979, S. 107 f.).

---

[19] Agitieren: aufwiegeln/aufhetzen; Agitation: (politische) Hetze (vgl. Duden Herkunftswörterbuch 2007, S. 24). In Bezug auf den internen Hauptprozess ist damit das Stürzen oder Aushöhlen der Führung gemeint. Berne nennt hier die Machtübernahme durch Revolution und Bürgerkrieg als Beispiel (vgl. Berne 1979, S. 111). Die Autorität der Gruppenführung wird in Frage gestellt. Dies entsteht i.d.R. durch den Zusammenschluss mehrerer individueller Neigungen.

[20] Kohäsion: Begriff aus der Chemie, welcher die Kräfte des Molekularzusammenhaltes beschreibt. In diesem Zusammenhang ist die Ausrichtung einzelner Mitglieder auf andere Gruppenmitglieder gemeint, welche durch ein Gemeinschaftsgefühl einen Gruppenzusammenhalt hervorbringt. Dies entsteht durch die Loyalität der einzelnen Mitglieder sowie deren Bedürfnis das Fortbestehen und die Ordnung der Gruppe zu bewahren (vgl. Berne 1979, S. 111). Kohäsion ergibt sich aus der Motivation der einzelnen Mitglieder bzw. geht mit der Attraktivität, Teil einer Gruppe zu sein, einher.

- Der *interne Nebenprozess* ist entlang der inneren Nebengrenzlinien zu verorten und bezeichnet die Art des Aushandlungsprozesses individueller Neigungen[21] zwischen Gruppenmitgliedern (vgl. Berne 1979, S. 108).

- Der *externe Gruppenprozess* ist entlang der äußeren Hauptgrenzlinie zwischen Gruppe und Umfeld lokalisiert und zeichnet sich durch die gegenläufigen Kräfte des "Drucks"[22] von außen und der "Kohäsion" von innen ausgehend aus (vgl. Berne 1979, S. 107).

Darauf basierend unterscheidet Eric Berne zunächst drei Arten von Konflikten, welche die organisatorische Struktur von Gruppen und damit ihr effektives Überleben gefährden (vgl. Berne 1979, S. 108):

- Angriffe auf die äußere Grenzlinie: Krieg
- Angriffe auf die innere Hauptgrenzlinie: Revolution/Rebellion
- Angriffe auf die innere Nebengrenzlinie: Intrigen

(vgl. Berne 1979, S. 108 ff.)

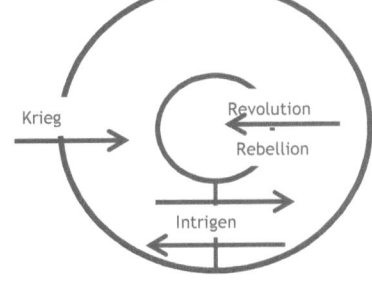

Abbildung 7: Gruppenprozesse als Konfliktarten.

---

[21] Die Gruppe zeigt Stagnation oder Erosionserscheinungen aufgrund der Hervorhebung von individuellen Neigungen durch Intrigen (vgl. Berne 1979, S. 108, 110f f.).

[22] Als Druck bezeichnet Berne Gewalt von außen durch „Taifune und Termiten, Torpedos und Typhus, Truppen und Befehle von übergeordneten Instanzen", welche eine Gruppe zur „todbringenden Erosion, Zermürbung oder Infiltration" bringen können (Berne 1979 S. 110). Auf Organisationen bezogen können das bspw. neue rechtliche Vorgaben sein, die die Existenz von Organisationen bedrohen.

Entsprechend hat Berne drei Gruppenarten gemäß der Verortung von Konflikten, bzw. der Fokussierung der Energie einer Gruppe herausgearbeitet (vgl. Berne 1979, S. 113 ff.):

- *Kampfgruppe*: Es kommt zu einer Fokussierung der Gruppenenergie auf die Aufrechterhaltung der äußeren Struktur, wobei die kohäsiven Gruppenkräfte nach außen im Spannungsfeld mit dem gruppengefährdenden Druck von außen stehen. Dabei hat Berne explizit darauf hingewiesen, dass der Druck von außen bzw. dessen Intensität der Wahrnehmung der Führung entspricht und nicht auf einer objektiven Betrachtung einer Faktenlage beruht.

- *Entwicklungsgruppe*: Es kommt zu einer Fokussierung der Gruppenenergie auf die Aufrechterhaltung der eigenen inneren Struktur, wobei die kohäsiven Kräfte aus der Führungsregion im Spannungsfeld mit den gefährdenden Kräften innerhalb der Gruppe stehen.

- *Arbeitsgruppe*: Es kommt zu einer Fokussierung der Gruppenenergie auf schöpferische Tätigkeiten aufgrund einer stabilen Gruppensituation, wobei die kohäsiven Gruppenkräfte deutlich die gruppengefährdenden Kräfte überwiegen.

Im nächsten Schritt folgt eine aus unserer Sicht für die Praxis sinnvolle Erweiterung von Bernes Gruppen(-prozess)-arten.

4. Theoretische Erweiterung des Modells

In unserer Arbeit mit Organisationen setzen wir das Modell der Gruppenkräfte und Gruppenarten überaus wirksam ein. Es dient dabei in erster Linie als Instrument zur Bestandsaufnahme und Bewusstmachung der aktuellen Situation sowie zur Ableitung von entsprechenden Interventionsschwerpunkten. Aus der praktischen Arbeit mit ganz unterschiedlichen Arten von organisationalen Veränderungsprozessen heraus erscheint es für uns sinnvoll, das Modell Bernes anzupassen, zu erweitern und mit unterschiedlichen Typen von Veränderungsprozessen in Beziehung zu setzen.

Dazu möchten wir zunächst eine Anpassung der Bezeichnungen und eine differenzierte Kennzeichnung der Gruppenkräfte wie folgt vornehmen. Wesentlicher Unterschied ist neben der einheitlichen Nomenklatur eine Aufwertung der inneren Nebengrenzlinie, an der sich aus unserer Sicht ebenso agitative wie kohäsive Kräfte festmachen lassen, wie zwischen Mitglieder- und Führungsregion.

Berne verwendet den Begriff individuelle Neigungen, um auf die Bedeutung von jeweiligen inneren psychologischen Faktoren zu verweisen. Aus individuellen Neigungen können Widerstände gegenüber der Gruppe entstehen, welche zu entsprechendem Verhalten führen können (vgl. Berne 1979, S. 133). Diese äußern sich letztlich in Form von Agitationen, weshalb diese im Folgenden als solche benannt werden. Auch an der vertikalen Schnittstelle zwischen Gruppe und Umwelt würden wir von Agitation sprechen.

157

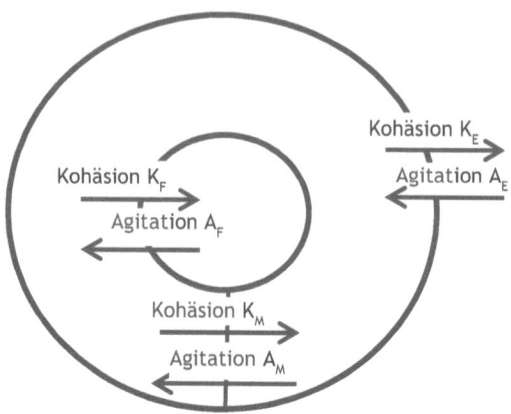

Abbildung 8: Gruppenkräfte und ihre veränderten Bezeichnungen.

Dabei ist:

- A_E: Damit wird die Agitation von Extern, z.B. durch Veränderung der Umwelt, Wettbewerber, Kunden etc. bezeichnet. Sie äußert sich als Veränderungs- bzw. Handlungsnotwendigkeit. Dabei ist wie oben beschrieben zu beachten, dass die "Gefahr" bzw. die Intensität dieser Notwendigkeit keine objektive ist, sondern der konstruktivistischen Deutung der Führung unterliegt.
- K_E: Hier wird die kohäsive Kraft der Gesamtorganisation gegen die Agitation von Extern verortet.
- A_F: An dieser Stelle wird von einer Agitation der Mitarbeitenden- gegen die Führungsregion gesprochen. Diese kann eher kindlich (Rebellion) oder eher elterlich besetzt sein (Revolution). In beiden Fällen findet kein erwachsener Dialog statt. In Organisationen zeigt sich dies weniger dramatisch vorwiegend in Passivitäts- und Ausblendungsphänomenen sowie damit mangelnder

Umsetzung des Führungswillens (z.B. als Ausdruck von Zielen, Strategien etc.).

- K_F: Damit wird die kohäsive Kraft der Führungsregion in die Mitarbeitendenschaft, z.B. durch Orientierung (Leitbild etc.), Transparenz von Entscheidungen, partizipative dialogische Auseinandersetzung etc. bezeichnet.

- A_M: An dieser Stelle befinden sich agitative Auseinandersetzungen zwischen Mitgliedern der Organisation aufgrund unterschiedlicher Ziele, Perspektiven, Handlungsoptionen etc., die indirekt bis destruktiv und intrigant geführt werden. Berne spricht in diesem Kontext von dystoner[23] Auseinandersetzung individueller Neigungen und meint damit "mit der Gruppenkohäsion in Konflikt geratend" (vgl. Berne 1979 S. 69, 116).

- K_M: Hier wird von einer kohäsiven Auseinandersetzung zwischen Mitgliedern der Organisation aufgrund unterschiedlicher Ziele, Perspektiven, Handlungsoptionen etc. gesprochen, die offen, dialogisch und konstruktiv geführt werden. Berne bezeichnet diesen Sachverhalt als syntone Auseinandersetzung individueller Neigungen und meint damit "die Gruppenkohäsion verstärkend" (vgl. Berne 1979, S. 69, 116).

Wenn wir diese Begrifflichkeiten zugrunde legen, können wir die Gruppenarten wie folgt beschreiben bzw. erweiternd ergänzen:

- *Entwicklungsorganisation:* Wenn $A_F > K_F$ und $A_M > K_M$ setzt eine Organisation ihre Energie auf die innere Entwicklung und damit die Aufrechterhaltung der inneren

---

[23] Dystonie bedeutet einem System nicht zugehörig, während Systonie einem System zugehörig meint. Dys als Vorsilbe bedeutet „von der Norm abweichend" (vgl. Duden Herkunftswörterbuch 2007, S. 168) und ton geht auf tonos und damit auf den Begriff Spannung zurück. Die antonyme Vorsilbe sys bzw. syn bedeutet zusammen (vgl. ebd. 833).

Haupt- und Nebengrenzlinie. Berne folgend hat hierbei aus unserer Sicht K_F allerdings die relevantere Funktion, da sie dazu beitragen kann, dass A_M reduziert wird. Andersherum wird ein Überschuss an K_M häufig zu einer Reduktion von A_F führen, aber nicht K_F direkt beeinflussen.

- *Kampforganisation:* Wenn $A_E > K_E$ setzt eine Organisation ihre Energie in die Verteidigung bzw. Aufrechterhaltung der äußeren Hauptgrenzlinie. Allerdings ist eine energetisch deutlich besetzte Entwicklung von K_E nur möglich, wenn es einen gewissen Überschuss von K_F und K_M gibt. Dieser Überschuss kann durchaus auch einen artifiziellen Charakter haben, da Agitationen im inneren Prozess abgewertet oder unterdrückt werden.

- *Arbeitsorganisation:* Wenn $K_E > A_E$ und $K_F > A_F$ (sowie idealerweise $K_M > A_M$) ist eine schöpferische Tätigkeit möglich, da die Organisation die Energie nur nachgelagert auf die Aufrechterhaltung der äußeren oder inneren Strukturen richten muss.

- *Krisenorganisation:* Wenn $A_E > K_E$ und $A_F > K_F$ (in der Regel auch $A_M > K_M$) sprechen wir von einer Krisenorganisation, die nicht mehr in der Lage ist, schöpferisch tätig zu sein, da die Energie komplett auf die Aufrechterhaltung der inneren und äußeren Strukturen gerichtet wird. Während alle anderen Organisationszustände längere temporäre Phasen durchlaufen können, ist die Krisenorganisation nur über einen kürzeren Zeitraum stabil zu halten. Es findet dann entweder eine zunehmende Stabilisierung in die eine oder andere Richtung statt oder die Gruppe zerfällt. Berne hat diese Gruppenart nicht beschrieben, da er meinte, dass bei hohem externen Druck die inneren Probleme hintenanstehen (vgl. Berne 1979, S. 106 f.). Dies ist grundsätzlich bei Gruppen und auch bei Organisationen i.S.v. "Leiden verbindet" im Kontext Kampfgruppe beobachtbar. Aus unseren praktischen Erfahrungen ergibt sich, dass dies zwar eine Option beschreibt aber bei weitem keine grundsätzliche Gültigkeit besitzt.

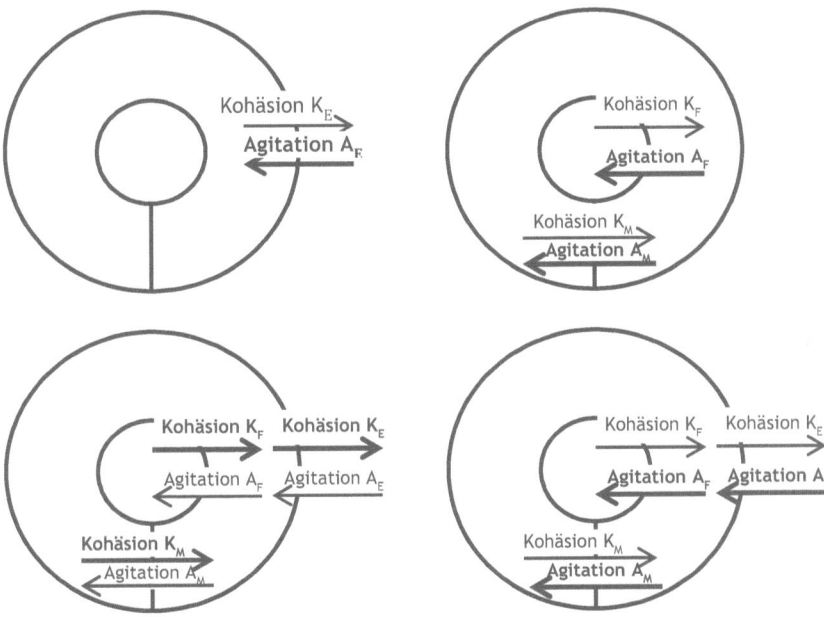

Abbildung 9: Darstellung der verschiedenen Arten von Gruppenkräften.

Entsprechend der vier benannten Gruppenarten nutzen wir eine Raute (s. Abb. 7) zur Darstellung eines sich ergebenden Kontinuums, in dem sich Organisationen bzgl. ihrer Energieverteilung prinzipiell befinden können. Dabei stehen die jeweiligen Außenpunkte für eine maximale Ausprägung. Es ist zu berücksichtigen, dass es sich jeweils um eine konstruktivistische Einschätzung der Führung handelt und nicht um eine "objektive Realität". Dabei kann die zeitliche Entwicklung einer Gruppe, die aktuelle Situation sowie die gewünschte Zielrichtung eingetragen werden.

schöpferische Tätigkeit

Arbeits-
gruppe

Kampf-
gruppe

Entwicklungs-
gruppe

... nach außen

... nach innen

Krisen-
gruppe

... nach innen und außen

Aufrechterhaltung der eigenen Struktur

Abbildung 10: Gruppenarten nach Tätigkeiten- und Energiefokussierung.

In Bezug auf die eingangs erwähnten grundlegenden Gruppen-
prozessmuster und die von Berne beschriebenen und hier erweiterten Gruppenarten lässt sich folgendes zusammenfassendes
Diktum von König und Schattenhofer anbringen: „Wir gehen also
davon aus, dass in jeder Gruppe, was immer ihr Ziel oder ihre
Aufgabe sein mag, grundlegende Konflikte, Spannungen, Themen etc. bearbeitet und geregelt werden müssen, damit die
Gruppe durch eine tragfähige innere Ordnung ihre orientierende
Funktion für ihre Mitglieder entfalten kann." (König & Schattenhofer 2012, S. 34) Es gilt daher Konflikte an Grenzlinien zu verorten, um daraus Interventionen abzuleiten und diese Konflikte

aufzulösen, um die Energie im Rahmen einer intakten Gruppe konstruktiv auf die Arbeit zu fokussieren.

Dabei möchten wir auf Basis unserer Erfahrungen in der Arbeit mit Organisationen deutlich machen, dass es als verlockende Ziel erscheinen mag, sich permanent in der Arbeitsgruppe zu befinden. Aus unserer Sicht ist dies im Kontext der anfangs beschriebenen Entwicklungsdynamiken nicht nur nicht realistisch, sondern auch nicht sinnvoll. Es mag beispielsweise im Rahmen von Markt- und Produktentwicklungen oder nach einem Merger sehr sinnvoll und relevant sein, die Energie der Gruppe bzw. Organisation für einen gewissen Zeitraum weitgehend auf die äußere bzw. die inneren Grenzlinien zu richten. Wichtig ist es aus unserer Sicht, dass diese Entscheidungen (wo stehen wir und wo müssen wir hin) von der Leitung bewusst und in Einvernehmen getroffen werden, um eben genau Kohäsion zu unterstützen und effektiv in der Umsetzung daraus resultierender Maßnahmen zu sein. Wenn es sich um eine Krisengruppe handelt, ist eine direkter (geradliniger Weg) von Krisen- zu Arbeitsgruppe nicht möglich. Stattdessen ist eine Entscheidung dahingehend zu richtig, ob die primäre Energie zunächst eher auf die äußere oder inneren Grenzlinien zu richten ist bevor dann der jeweils andere Aspekt bearbeitet werden kann (Pendelbewegung).

5. Bedeutung des Modells für die Arbeit in Organisationen

Als Ziel einer Intervention kann gelten, zunächst ein einvernehmliches Verständnis über die Probleme und Ressourcen einer Organisation zu entwickeln. Je mehr die Vorstellungen bzw. inneren Bilder der verschiedenen Organe und Mitglieder auseinanderfallen, desto höher ist das Potential für Konflikte und die anschließende Notwendigkeit, die heterogenen Blickwinkel aufzuarbeiten und anzugleichen bzw. in ihrer Substanz Gemeinsamkeiten ausfindig zu machen (z.B. Grundwerte).

Die Entstehung unterschiedlicher Ansichten innerhalb einer Organisation kann letztlich als ein Ausdruck der Komplexitätsansprüche und daraus erwachsenden Fragmentierungen gesehen werden, welche prinzipiell unvermeidbar sind. Fach- und Verantwortungsbereiche werden aufgeteilt und laufen überdies Gefahr ein Eigenleben zu entwickeln oder das große Ganze zu verkennen. Es geht dabei nicht darum, Heterogenität grundsätzlich zu vermeiden oder auszumerzen, sondern diese anzuerkennen und einen effektiven und konstruktiven Umgang damit zu entwickeln, was genau über einen wirksamen Bildabgleich ermöglicht werden kann. Heterogene Perspektiven können synergetische Effekte hervorbringen, wenn ein offener Dialog hierüber geführt wird und eine Abstimmung zu übergeordneten sinnstiftenden Zielen stattfindet. Dabei können Ansichten aktualisiert werden und blinde Flecken aufgearbeitet und gemeinschaftlich zu einem umfassenden Gesamtbild zusammengesetzt werden. Gleichzeitig können verschiedene Sicht- und Handlungsweisen koexistieren – solange einvernehmliche Grundwerte bestehen und einheitliche Zielvorstellungen geklärt sind.

Aus unserer Sicht sind Organisationen die sinnorientierte Konstitution kollektiver innerer Beziehungsbilder (vgl. Korpiun & Thiele 2016, S. 180). Diese Konstitution und damit verbundene Strukturen sind aufgrund der sich permanent ändernden innerer Bilder der Mitglieder prinzipiell ein flimmernder Mikrozustand. Dieser ist nur solange aufrechtzuerhalten, bis die Spannungen und daraus resultierenden Kräfte zu stark divergieren. Dies bedeutet nichts anderes, als dass die organisationsspezifisch ausgeprägten Beziehungskompetenzen nicht mehr in der Lage sind, den Auseinandersetzungsprozess über die inneren Bilder konstruktiv zu gestalten. Dies wiederum bedeutet, dass die organisationsspezifischen agitativen Kräfte die kohäsiven übersteigen.

Wenn wir in unserer praktischen Arbeit diagnostisch vorgehen, z.B. im Rahmen von Interviews, erhalten wir zahlreiche Informationen über die unterschiedlichen Wahrnehmungen und Bilder bzgl. innerer und äußerer Strukturen und entwickeln daher naturgemäß selbst eine Sicht darüber, an welcher Stelle sich diese Organisation befindet.

Als noch relevanter unter dem oben genanntem Grundverständnis wehen wir die Anwendung in der Herstellung eines geteilten Bildes der Führung (Führungsregion). Schon Berne beschreibt, dass die Energiebesetzung einer Gruppe maßgeblich von der Sichtweise der Führungsregion bestimmt ist. Es kommt häufig vor, dass die Menschen der ersten und zweiten Führungsebene ein abweichendes Bild bzw. eine abweichende Einschätzung davon haben, in welchem Zustand sich die Organisation befindet. Investieren unterschiedliche Abteilungen oder Projekte ihre Energien nicht auf ein gemeinsames Ziel hin bzw. an unterschiedlichen „Fronten" so versandet die Energie. In Analogie rudern mehrere Personen in einem Boot in unterschiedliche Richtungen und kommen damit nicht oder kaum voran.

Der Sachverhalt unterschiedlicher Perspektiven von Führungskräften auf eine Organisation lässt sich zunächst anhand der Ausblendungsmechanismen nach Schiff erklären. Wir wissen aus der Arbeit mit Abwertungen[24], dass die individuellen Ausblendungsmuster vielfältig sein können. Bestimmte Bedrohungen des

---

[24]Abwertung: Wird in der Transaktionsanalyse auch als Missachtung oder Ausblendung (engl.: discounting) bezeichnet. Abwertungen beschreiben einen inneren Vorgang der Verleugnung bzw. Verdrängung von Sachverhalten.

Umfelds und analog natürlich auch interne Probleme, wie bspw. Konflikte zwischen Abteilungen, die prozessual wichtige Schnittstellen inne haben, können daher entweder:

- gar nicht wahrgenommen werden (Existenzebene) oder
- ihre Bedeutung heruntergespielt werden (Signifikanzebene) oder
- Branchenparadigmen nicht hinterfragt werden (Ebene der Veränderbarkeit) oder
- eigene Möglichkeiten zum Umgang mit Lösungen nicht gesehen werden (Ebene der Handlungsfähigkeit) (vgl. Schiff 1975, S. 14 ff.).

Heterogene Sichtweisen sollten dabei nicht zwangsläufig negativ gewertet werden. Sie können sich bei der Suche nach Ursachen und Ressourcen oder auch generell zur Bestandsaufnahme als sinnvoll erweisen, da hierbei unterschiedliche Standpunkte und Ideen berücksichtigt werden können und damit auf verschiedene, relevante Aspekte einer Organisation verwiesen wird (z.B. Aus welchen Gründen wurde an einer bestimmten Stelle etwas ausgeblendet? Wie kann ein Bildabgleich entstehen? Wie können Ausblendungen in Zukunft vermieden werden?).

Sofern allerdings die inneren Bilder in der Führungsregion deutliche Inkonsistenzen aufweisen, kann eine abweichende Einschätzung über die jeweils vorliegende Gruppenart eintreten, woraus wiederum gegenläufige oder fehlgeleitete Interventionen entstehen. Dies ist u.a. daran zu beobachten, wenn externe Gefahren nicht als relevant eingeschätzt werden, wie bspw. wichtige technologische Entwicklungen im unternehmerischen Umfeld oder intern bspw. bei der Bagatellisierung negativ ausgefallener Mitarbeitendenbefragungen oder Führungsmessungen.

Im nächsten Schritt wird eine weiterführende Möglichkeit mit dem Gruppenartenmodell zu arbeiten angeboten, die sich in der Praxis als dienlich erwiesen hat und einen Bildabgleich fördern kann.

6. Die Vernetzung mit der Veränderungslandkarte

Wir möchten die Gruppenarten an dieser Stelle in Beziehung setzen mit einer von Heitger und Doujak vorgeschlagenen Typologisierung von Veränderungsprozessen, auch Veränderungslandkarte genannt (vgl. Heitger & Doujak 2014, S. 35 ff.). Die Sichtweise, dass sich Veränderungsdruck und Überlebens- sowie Entwicklungsfähigkeit zueinander in Beziehung setzen lassen, findet sich bereits bei Ackoff (vgl. Ackoff 1981; Bleicher 2004, S. 80 f.). Im Rahmen von Heitgers und Doujaks Modell beinhaltet die Veränderungsnotwendigkeit sowohl externe und auch interne Faktoren, die diese Notwendigkeit determinieren, z.B. Veränderungen im Marktumfeld oder im Kundenverhalten ebenso wie eigene Wachstums- und Entwicklungsimpulse.

Das Veränderungsvermögen steht dafür, inwieweit eine Organisation in der Lage ist, neue Ansprüche zu antizipieren als auch konstruktiv und effektiv damit umzugehen. Entsprechend besteht eine Korrelation zwischen den beiden Achsen Veränderungsnotwendigkeit und Veränderungsvermögen, da Organisationen mit einem ausgeprägten Veränderungsvermögen nicht in die Situation gelangen wird mit einer hohen Veränderungsnotwendigkeit konfrontiert zu sein, da diese frühzeitiger Veränderungsbedarfe antizipiert und bearbeitet. Eine Organisation mit einer geringeren Veränderungsfähigkeit, wird entsprechend mit einem höheren Veränderungsdruck konfrontiert sein. In Abbildung 8 wird zunächst die Veränderungslandkarte dargestellt. Die einzelnen Aspekte werden erst im Anschluss im Rahmen der Vernetzung mit dem Gruppenartenmodell näher beschrieben:

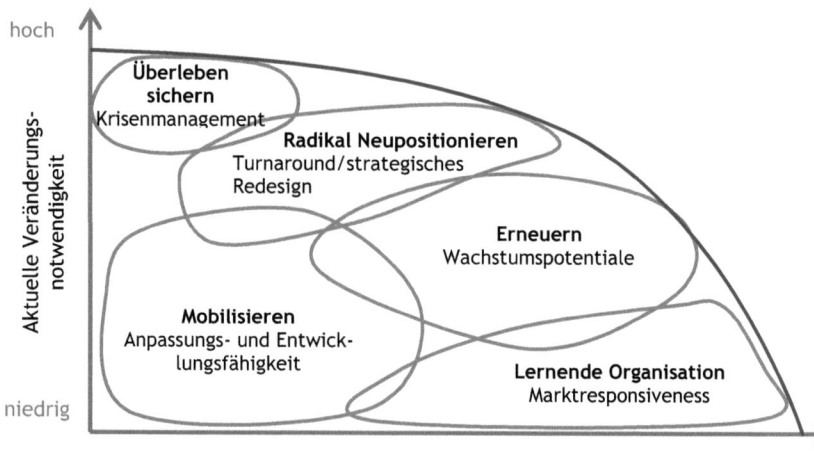

Abbildung 11: Typologisierungslandkarte von Organisationen nach Heitger & Doujak (vgl. ebd. 2014, S. 36).

168

Im Folgenden wird unsere erweiterte Unterscheidung nach Krisen, Kampf-, Entwicklungs- und Arbeitsorganisation sinngemäß auf die Typologisierungslandkarte übertragen:

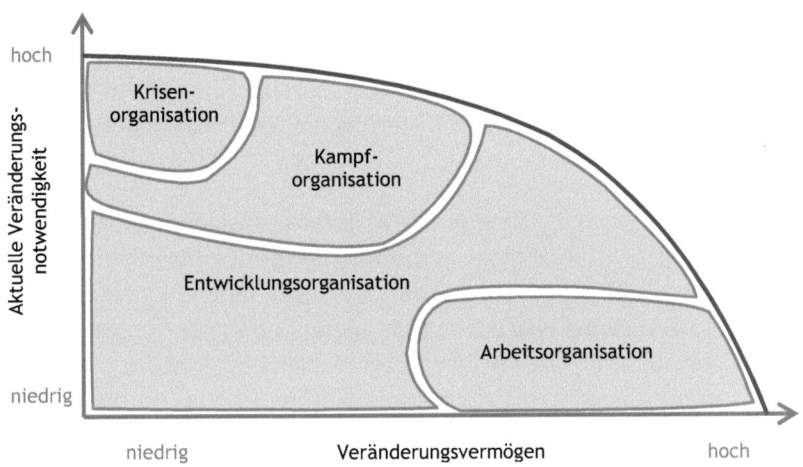

Abbildung 12: Typologisierungslandkarte von Organisationen unter der Berücksichtigung der erweiterten Gruppenarten.

Die Krisenorganisation (Veränderungsnotwendigkeit hoch bis sehr hoch / Veränderungsfähigkeit sehr gering bis gering) ist in konkreten Situationen des Überlebens aber auch signifikanten Turn-around-Situationen anzutreffen. Diese gehen meist mit - teils drastischen - Einschnitten in der inneren Struktur einher, z.B. neue Mitglieder in der Führung, Freisetzung von Mitarbeitenden, Umstrukturierung, Herausnahme von Führungsebene, die zwangsläufig Energie bzw. Arbeit an den inneren Haupt- und Nebengrenzlinien erfordert. Gleichzeitig ist i.d.R. eine inhaltliche bzw. strategische Veränderung nach außen bzw. zum Markt erforderlich. Das Überleben einer Organisation in einer Krisensituation abzusichern erfolgt meist über Sanierungen und hat in erster Linie zum Ziel, die Veränderungs-notwendigkeit deutlich zu verringern. Auf der Veränderungslandkarte bedeutet dies, dass sich die Organisation in Richtung Mobilisierung oder über eine radikale Neupositionierung in Richtung Erneuerung und damit in einen stabileren Bereich bewegt (vgl. Heitger & Doujak 2014, S. 37). Aus Sicht des Gruppenmodells bedeutet dies, sich zunächst primär für die Bearbeitung einer Grenzlinie zu entscheiden und diese konsequent durchzuführen, um sich in einer folgenden ersten Stabilisierung anderen Grenzlinien zuzuwenden.

Kampforganisationen (Veränderungsnotwendigkeit mittel bis hoch / Veränderungsvermögen sehr gering bis mittel) können im Inneren kohäsiv genug sein oder aber innere Agitationen treten in den Hintergrund, um sich gegen den Druck von außen zu richten und darüber Kräfte zu entfalten. Es geht hier vornehmlich um eine strategische Neuausrichtung und in Teilen um eine Erneuerung, die in der Regel an externe Notwendigkeiten geknüpft ist. Hierbei steht die Abwendung einer drohenden Krise sowie eine gewisse Stärkung der Veränderungsfähigkeit im Vordergrund (vgl. Heitger & Doujak 2014, S. 38). Die äußere Grenzlinie steht hierbei allerdings im Fokus. Heitger und Doujak sprechen in diesem Zusammenhang von der Notwendigkeit von „harten Schnitten" für „neues Wachstum", welche unmittelbar die Identität einer Organisation betreffen (vgl. Heitger & Doujak 2014, S. 40) – vergleichbar mit einer Pflanze, die gekürzt wird, damit sie nicht in eine unerwünschte Richtung oder willkürlich wächst und sich an ungünstigen Stellen verausgabt. Dabei wird bspw. unabhängig einer existenziellen Krise ein (möglicherweise sogar gut funktionierender) Teil der Unternehmensidentität gekappt, um kurz darauf besonders viel Energie in einen neuen Teil investieren zu können, der besser funktioniert. Ebenso können spezifische Anstrengungen zu Marktentwicklung oder -durchdringung beobachtet werden. Die Organisation kann sich so in den Bereich der Erneuerung bewegen und ebnet überdies den Weg in Richtung einer lernenden Organisation.

Entwicklungsorganisationen können verschiedene Schwerpunkte haben:

Bei geringer Veränderungsnotwendigkeit und geringem Veränderungsvermögen steht die Mobilisierung im Vordergrund. Dies können Organisationen mit einer eher phlegmatischen bis apathischen Kultur sein, die keiner aktuellen Veränderungsnotwendigkeit unterliegen, aber ggf. eine perspektivische Veränderungsnotwendigkeit haben oder auch brachliegende Potentiale. Im Vordergrund steht hierbei vor allem die Ausprägung des Veränderungsvermögens (vgl. Heitger & Doujak 2014, S. 38), um sich in Richtung Arbeitsorganisation zu entwickeln.

Bei mittlerer Veränderungsnotwendigkeit und einer mittel bis hohen Veränderungsfähigkeit geht es um die Weiterentwicklung der Organisation aus sich selbst heraus, sei es bspw. durch eigene Wachstumsprozesse (interne Notwendigkeit) oder aus der Entwicklung von Produkten, Märkten etc. (externe Notwendigkeit). In letzterem Fall ist die Entwicklung zwar extern orientiert, wird jedoch ebenfalls von der Organisation selbst initiiert ohne unmittelbaren Anlass aus dem Umfeld. In diesen Zusammenhängen steht vor allem die Erneuerung bzw. ENtwicklung der Identität einer Organisation im Vordergrund (vgl. Heitger & Doujak 2014, S. 38).

Die Arbeitsorganisation (Veränderungsnotwendigkeit gering / Veränderungsvermögen hoch bis sehr hoch) geht aus unserer Sicht mit dem Begriff der „Lernenden Organisation" einher. Diese zeichnet sich durch ein ausgeprägtes Bewusstsein von und Flexibilität im Umgang mit Veränderungen aus. Sie kann unmittelbar relevante Veränderungen oder Entwicklungen antizipieren und besitzt eine herausragende Visionskraft. Damit bildet sich ein hohes kohäsives Potential, das schöpferische Tätigkeiten in den Vordergrund stellt. Nach Heitger und Doujak kann sich eine solche Organisation ihrem Tagesgeschäft widmen und selbstständig Innovationen hervorbringen (vgl. Heitger & Doujak 2014, S. 38). Das Konzept der lernenden Organisation ist durch Senge begründet worden (vgl. Senge 2011).

Sofern also der intrinsische oder extrinsische Veränderungsdruck einer Organisation so hoch ist, dass sie dringenden Handlungsbedarf sieht oder aber der Veränderungsbedarf zwar gering aber das Veränderungsvermögen auch gering ist, befindet sie sich prinzipiell nicht im Bereich der schöpferischen Tätigkeit bzw. der lernenden Organisation.

Anhand der Landkarten lässt sich ein gradueller Übergang von Gruppenarten nach Veränderungsbedarf und Veränderungsfähigkeit erkennen, welcher auf die Intensität eines Interventionsbedarfs hinweist. Daraus geht ebenfalls hervor, dass neben der unterschiedlichen Verortung von Schwierigkeiten auch eine unterschiedliche Sichtweise über die Intensität des Interventionsbedarfs abgeleitet wird. Ist eine Organisation mit einem massiven Veränderungsbedarf konfrontiert und besitzt dabei ein unterausgeprägtes Veränderungsvermögen, so läuft sie ständig im roten Bereich, bis die Kohäsionskraft nicht mehr genügt und sie ggf. auseinanderfällt oder übernommen wird. Eine Organisation, die ein hohes Veränderungsvermögen und damit oft verknüpft eine sehr geringe Veränderungsnotwendigkeit aufweist, kann störungsfrei funktionieren und all ihre Ressourcen sinnvoll auf ein kollektiv geteiltes Ziel richten.

Wie schon oben angedeutet, ist eine permanente Verortung in der Arbeitsorganisation in praxi nicht erreichbar. Innere Voraussetzungen und Entwicklungen ebenso wie im Umfeld erfordern einen bewussten Umgang mit der Sinnhaftigkeit der verschiedenen Gruppenarten (jenseits der Krisengruppe). Wenn einmal der Status einer Arbeitsorganisation erreicht ist, kann dies helfen, genau diesen Entscheidungsprozess wirksam zu gestalten. Von daher wird nochmal deutlich, wie relevant die Entwicklung des Veränderungsvermögens für Organisationen ist.

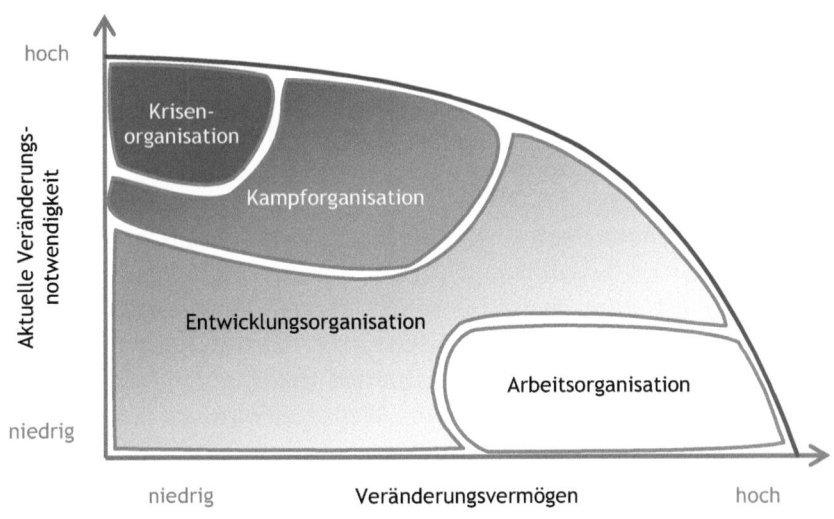

Abbildung 13: Darstellung der Intensität des Interventionsbedarfs im Rahmen der Typologisierungslandkarte.

Das hier beschriebene Modell sorgt für einen vereinfachten Bildabgleich zwischen den Mitgliedern einer Organisation. Fallen die Meinungen bzgl. der Gruppenarten tendenziell auseinander, so lässt sich beobachten, dass sich die einzelnen Personen im

173

Rahmen der Anwendung der Veränderungskarte leichter auf eine gemeinsame Perspektive einigen können. Gleichzeitig bietet der Abgleich zwischen der Verortung der Mitglieder auf der Gruppenartenraute und der Verortung auf der Typologisierungslandkarte weiterführende Informationen darüber, an welchen Stellen im Detail die Kommunikation verbessert werden kann und an welchen Stellen die einzelnen Organe zusätzliche Bewusstseinsarbeit leisten können.

Die Attraktivität dieses Modells liegt in der Klarheit und der sich gleichzeitig daraus entwickelnden Kraft. Es wird ein effektiver Bildabgleich in der Führungsregion ermöglicht, der wiederum gut kommunizierbar ist. Es eignet sich sowohl dazu ein geteiltes Verständnis des aktuellen Zustands einer Organisation zu entwickeln, als auch daraus entsprechende Interventionen abzuleiten.

Im folgenden Kapitel wird die Nutzbarkeit beispielhaft an einer Krisen- / Turn-around-Situation illustriert. Eine Krisensituation verweist unter den bisher beschriebenen Aspekten auf eine Krisengruppe, welche ihr Überleben absichern sollte, um fortzubestehen. Eine Turn-around-Situation fokussiert auf eine Kampfgruppe, die sich zu ihrer Weiterentwicklung radikal neu positionieren sollte.

7. Praxisbeispiel zum Umgang mit dem Modell

Bei dem hier als Beispiel angeführten Unternehmen handelt es sich um einen Konsumgüterhersteller, der über sein gesamtes vierzigjähriges Bestehen in wesentlichen Kernsegmenten Marktführer mit EBIT-Margen von etwa 8% war. Über einen Zeitraum von fünf Jahren ist diese Stellung zugunsten bekannter

Wettbewerber verloren gegangen. In den vergangenen zwei Jahren wurde ein negatives Ergebnis erwirtschaftet. Diese Entwicklung zog in den letzten Jahren als Konsequenz eine Priorisierung von Kostenreduktionen nach sich, was wiederum in einer sehr moderaten Neuprodukt-Pipeline resultierte.

7.1. Ausgangssituation

Aufgrund der beschriebenen Situation hatte der Mutterkonzern folgende Entscheidungen getroffen:

- Der Geschäftsführer wurde ausgetauscht. Der neue Geschäftsführer besitzt viel Erfahrung im Aufbau von Geschäften, nicht jedoch in Restrukturierungen.
- Im Management-Team von fünf Personen (Vertrieb, Marketing, Business Development, Forschung & Entwicklung, Controlling) wurde eine Position intern (F&E) und eine von extern (Vertrieb) neu besetzt.
- Der Bereich Business Development sollte mit einem Projektmanagement qualifiziert werden.
- 25% der Mitarbeitenden sollten vorzugsweise im Außendienst abgebaut werden.
- Teile der freiwerdenden Mittel sowie Zusatzbudgets sollten in Neuentwicklungen investiert werden.

Die Organisation selbst zeichnet sich durch lange Betriebszugehörigkeiten, aber - wie oben skizziert - wenig Erfahrung in Veränderungen, aus.

7.2. Diagnosergebnisse

Wir haben zunächst in der Organisation Interviews durchgeführt, welche folgende Kernergebnisse hervorbrachten:

- Es besteht in der Organisation sehr wenig Kompetenz im Aufsetzen und Steuern von Neuentwicklungen in Projektform.
- Es existieren große Schuldzuweisungskonflikte zwischen Vertrieb, Marketing und F&E im Hinblick auf die bestehende Situation und insbesondere Neuentwicklungen.
- Durch die vielfältigen Entlassungen von Kollegen mit guten Beziehungen ist eine Art Paralyse entstanden, in der sich viele der Interviewpartner als handlungsunfähig erleben.
- Es wird seit längerer Zeit eine vom Mutterkonzern ausgehende Nicht-Wertschätzung wahrgenommen und erlebt.

Wir haben die Ergebnisse und unsere Erkenntnisse daraus im ersten Workshop mit dem Führungsteam zunächst nicht geteilt, sondern das zuvor in diesem Artikel beschriebene Modell erläutert und die Teilnehmenden gebeten, individuell in der Raute einen Punkt zu kleben, an dem sie die Organisation derzeit sehen.

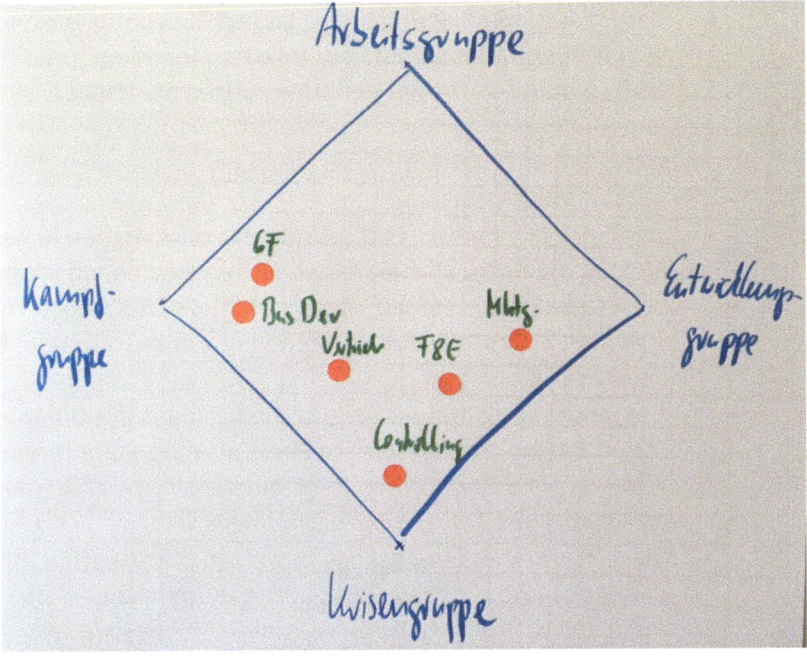

Abbildung 14: Selbstverortung anhand des Rautenmodells im ersten Workshop.

7.3. Ergebnisabgleich

Dabei ist sichtbar geworden, wie unterschiedlich die Teilnehmenden die aktuelle Situation bewerten.

- Der neue Geschäftsführer schätzte die Organisation als eine Kampforganisation ein. Dies kann als Teil seines Bezugsrahmens verstanden werden, welcher sich weniger durch Erfahrung in Restrukturierungsfragen, sondern vielmehr durch starken Fokus auf den Markt charakterisieren lässt.

- Der Marketingleiter mit seiner langen Zugehörigkeit beobachtet vor allem die in den letzten Jahren entstehenden Konflikte zwischen den Abteilungen als Hauptproblem und nimmt wenig eigene Verantwortung zum Markt wahr. Daher bewertet er die Situation als die einer Entwicklungsorganisation.

- Der F&E-Leiter verortet die Organisation zwischen Krise und Entwicklung. Er äußert sich auch dahingehend, dass die Produkt-Pipeline gar nicht so schlecht sei. Insofern wird hier eine teilweise Ausblendung von Bestandteilen der Realität sichtbar.

- Der Leiter von Business Development nimmt die Organisation analog dem Geschäftsführer als eine Kampforganisation wahr. Auch hier liegt ein funktionsbezogener Außenblick als Teil des Bezugsrahmens vor.

- Die Leiterin des Controllings bewertet die Situation als eine Krise und führt als Begründung die finanzielle Situation an.

- Die neue Leiterin des Vertriebs verortet die Organisation unter Anmerkung ihres bisher sehr geringen Einblicks (zwei Wochen) zwischen Kampf und Krise.

7.4. Vernetzung mit der Typologisierung von Veränderungsprozessen

Wir haben daraufhin zunächst unsere Analyseergebnisse vorgestellt und die Teilnehmenden gebeten, individuell die Existenz- und die Bedeutungsebene (Ausblendungsarten: s.o.) der Situation zu reflektieren (Welche Probleme gibt es? Wie ist deren Relevanz/ sind deren Auswirkungen einzuschätzen?). Danach haben wir dann das Modell der Typologisierung von Veränderungsprozessen genutzt und die Reflexion auf die

Einschätzung der Veränderungsnotwendigkeit und des -vermögens ausgedehnt. Dies haben wir zunächst ohne Einzeichnung der einzelnen Typologisierungen vorgenommen.

Entsprechend haben wir die Teilnehmenden im Anschluss an die individuelle Reflexion gebeten, anhand dieses Modells die aktuelle Situation zu bewerten, in dem Sie erneut einen Punkt auf das entsprechende Raster geklebt haben. Dabei kam eine deutliche Clusterung im Bereich hoher Veränderungsnotwendigkeit und geringen Veränderungsvermögens zustande.

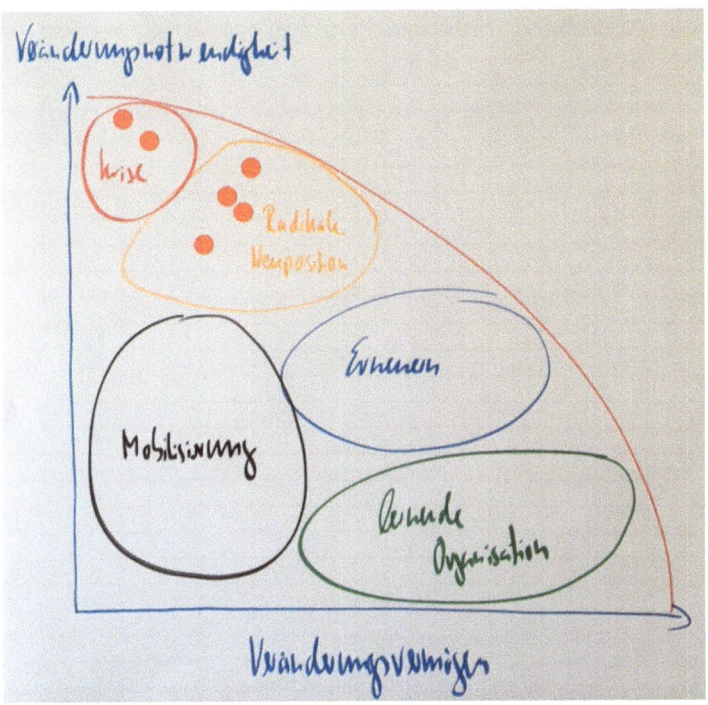

Abbildung 15: Selbstverortung der Organisation anhand der Typologisierungslandkarte.

Wir haben dann den Rückbezug zu den Gruppenarten in gleicher Grafik vorgenommen. Die Zusammenführung beider Perspektiven hat zu einem dann homogenen Ergebnis geführt, dass die Führungsgruppe sich als Krisenorganisation begreift.

Mit der Förderung des Reflexionsprozesses durch die Analyseergebnisse und dem Modell der Typologisierungen von Veränderungsprozessen war es den Teilnehmenden damit möglich, ein stimmiges Ergebnis zu einer Bestandsaufnahme der Organisation – also einen gemeinsamen Blick für das große Ganze - zu entwickeln. Im Anschluss an dies gemeinsame erarbeitete Bild konnte ein entsprechend konformer Fahrplan erarbeitet werden.

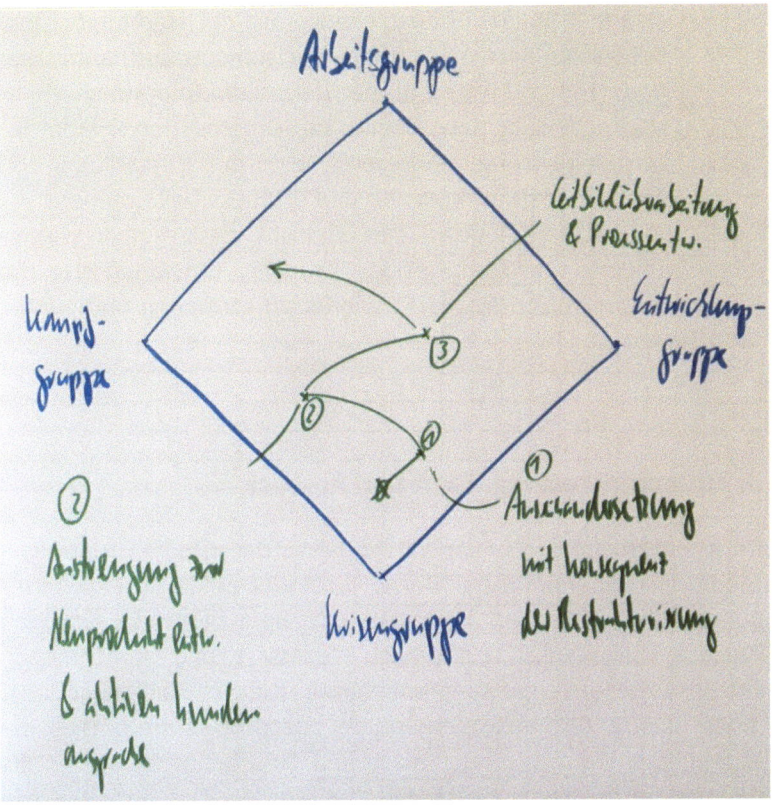

Abbildung 16: Erneute und einheitlichere Selbstverortung der Organisation anhand des Rautenmodells.

Die Gruppe hat sich gemeinsam darauf verständigt, welche nächsten grundsätzlichen Schritte erforderlich sind und was das für die Lenkung der Energie bedeutet:

1. Konkrete Auseinandersetzung und Aufarbeitung der Restrukturierungskonsequenzen, um den aktuellen Zustand der Paralyse schnellstmöglich zu überwinden.

2. Maximal mögliche Anstrengung auf der Marktseite, insbesondere aktive Ansprache von Kunden, Aufnahme von Bedarfen und Arbeit an der Neuproduktpipeline.
3. Überarbeitung des Leitbilds der Organisation wie der internen Prozesse, insbesondere in der Verzahnung von F&E, Marketing, Vertrieb und Business Development

Die Gruppe hatte gemeinsam den Eindruck, dass es dann wieder einen Schwenk zur Kampfgruppe braucht, um langfristig die Wettbewerbsposition im Markt wieder zu erreichen und weiter auszubauen.

8. Zusammenfassung, Fazit und Ausblick

I.d.R. unterscheiden Gruppenmodelle vordergründig Gruppenarten und Gruppenprozesse. Berne verbindet beide Aspekte in einem Modell, indem er davon ausgeht, dass sämtliche Gruppen Prozesse durchlaufen und je nach Prozessart, und damit je nach Ort der Differenz- und Kongruenzbearbeitung (s. Rautenmodell), einer bestimmten Art von Gruppe zuzuordnen sind. Dies erscheint sinnvoll, da Gruppenart und Gruppenprozess hier als eminent verbunden herausgearbeitet werden. Das Modell wurde insofern erweitert, als dass die Bedeutung der Krisengruppe gegenüber der Kampf- und Entwicklungsgruppe gleichgestellt wurde und die innere Nebengrenzlinie aufgewertet wurde.

Aus dem vorliegendem Artikel ist neben einer kurzen allgemeinen Einbettung von Gruppendynamiken und -prozessen und der Darstellung von Bernes Gruppenmodell vor allem die Problematik divergierender Problem- und Ressourcenverständnisse innerhalb der Führungsregion hervorgegangen. Verorten Führungspersonen entsprechend Bernes Modell eine aktuelle Situation und damit auch die Richtung weiterer Interventionen an unterschiedlichen Stellen, hat dies einen nachhaltigen Einfluss auf die einzelnen Bereiche und die Gesamtentwicklung der Organisation. Die verschiedenen Organe einer Organisation arbeiten dann an unterschiedlichen (möglicherweise verschobenen) Baustellen und können ihre Energie nicht wirksam bündeln, um tatsächlich gemeinsam Ressourcen zu nutzen und Entwicklungsaufgaben zu bewältigen. Die Organisation dreht sich im Kreis und läuft Gefahr, sich in den roten Bereich zu entwickeln, bis dahin, dass die gruppenauflösenden Kräfte zu überwiegen drohen. Eine sinnvolle und fortschrittliche Arbeit ist unter solchen Umständen kaum möglich. Es ist daher im Rahmen einer Intervention notwendig, einen substanziellen Bildabgleich zu schaffen, mit dem sich alle Personen einer Führungsregion identifizieren können. Das angebotene Modell ist nicht rezepthaft zu verstehen und beansprucht keine Allgemeingültigkeit, kann jedoch als ein hilfreiches Interventionsinstrument dienen, um den Blick individueller Gruppenmitglieder für das größere Ganze zu öffnen.

Eine Vernetzung mit der Veränderungslandkarte nach Heitger und Doujak hat sich ebenso als hilfreich erwiesen, möglicherweise da somit die Typologisierung von Gruppen auf zwei Items, den Veränderungsbedarf und die Veränderungsfähigkeit, transferiert wird.

Das folgende Modell verknüpft mit Hilfe der Rautendarstellung die Verortung des Gruppenkonflikts aus der Transaktionsanalyse mit den Aspekten der Typologisierungslandkarte:

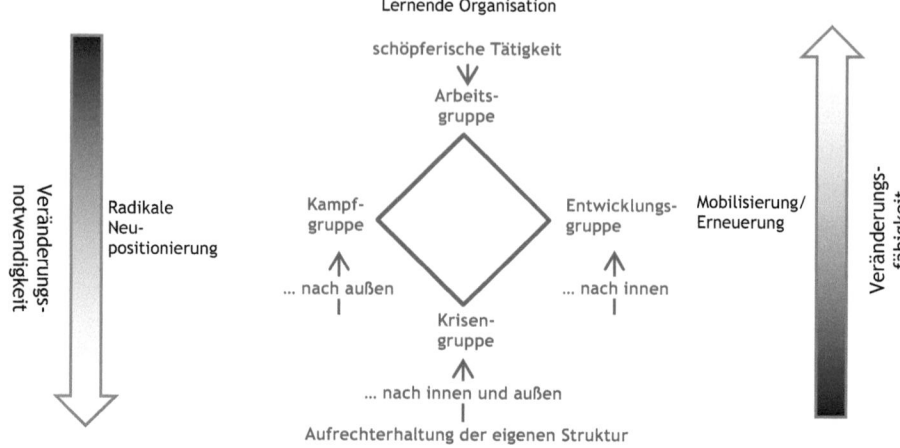

Abbildung 17: Rautendarstellung der Gruppenarten nach Berne inklusive gra-dueller Färbung nach Ausprägung von Veränderungsfähigkeit und Verände-rungsnotwendigkeit (Schwarz: geringe Veränderungsfähigkeit und hohe Verän-derungsnotwendigkeit; weiß: geringe Veränderungsnotwendigkeit und hohe Veränderungsfähigkeit) sowie Zuordnung der Positionierungen nach Heitger & Doujak.

Aus dem Vergleich der unterschiedlichen Perspektiven, die sich aus der Arbeit mit den Modellen ergeben, lassen sich bereits Ansatzpunkte für Interventionen ableiten. Die weitere Entwicklung des Veränderungsprozesses einer Organisation ließe sich zudem mit den von Heitger und Doujak beschriebenen Dynamiken abgleichen (vgl. Heitger & Doujak 2014, S. 37 f.), um Fortschritte zu evaluieren und weitere Maßnahmen abzuwägen sowie erneut die Fähigkeit zu einem Bildabgleich herauszufordern.

Als Erklärungsansatz für die unterschiedliche Wahrnehmung von Konflikten je nach Führungsebene bietet sich Schiffs Ausblendungsmodell an, welche unterschiedliche Ebenen von

Verkennungen definiert und in Beziehung zueinander setzt. Auch daraus lassen sich verschiedene Ansätze zur Bearbeitung ableiten.

Wird ein einheitliches Bild über die Probleme und Ressourcen einer Organisation geschaffen, kann die Energie dieser einvernehmlich darauf gerichtet werden die Organisation konsequent entwickelt werden. Konflikte können gelöst werden, damit sich die Gruppe den ihr gestellten Aufgaben widmen kann. Im Rahmen einer gelungenen Umsetzung eines organisationalen Veränderungsprozesses lässt sich in Bezug auf Bernes Modell konstatieren, dass eine kollektive Lösung von Konflikten und eine damit abgeschlossene Entwicklung ein besonders hohes Maß an Kohäsionsenergie hervorbringen kann, da die Energie der einzelnen Abteilungen einer intakten Gruppe adäquat in eine Richtung gelenkt wird. Die Bootmetapher eignet sich an dieser Stelle besonders gut, da sie verdeutlicht, warum das individuelle Verständnis von Problemlagen und das Beheben von Ausblendungen so relevant ist: Haben alle Mitglieder verstanden, warum sie an welcher Stelle in welche Richtung rudern sollten, um das Boot in eine sinnvolle Richtung zu lenken, so wissen alle selbstständig und frühzeitig was zu tun ist und wie man sich aufeinander abstimmt, sofern erneut Turbulenzen in Sicht sind. Damit ist auf das Konzept der lernenden Organisation verwiesen.

Es ist abschließend zu berücksichtigen, dass ein uneingeschränkt geteiltes und ganzheitliches Bild innerhalb einer Organisation vollkommen utopisch ist (vgl. Senge 2011, S. 13,23). Es kann sich bei einem geteilten Bild lediglich um eine stetige Annäherung handeln, welche sich nie in absoluter Gänze überschneiden kann und daher auch einen statischen Zustand oder einen gelungenen Endzustand ausschließt. Es handelt sich bei einem Bildabgleich um einen beständigen Gleichgewichtsprozess, ein unaufhörliches Phänomen, wie es eingangs mit dem flimmernden

Mikrozustand beschrieben wurde (vgl. Korpiun & Thiele 2016). Mit den hier vorliegenden verknüpften Konzepten wird ein viabler Weg entworfen, diesen Prozess zu erleichtern.

Literatur

Ackoff, Russell (1981): Creating corporate future, New York: Wiley

Antons, Klaus / Amann, Andreas / Clausen, Gisela / König, Oliver / Schattendorfer, Karl (2004) Gruppenprozesse verstehen: Gruppendynamische Forschung und Praxis, 2. Aufl. (2004), Wiesbaden: VS Verlag für Sozialwissenschaften

Argelander, Hermann (1972): Gruppenprozesse. Wege zur Anwendung der Psychoanalyse in Behandlung, Lehre und Forschung, Reinbek bei Hamburg: Rowohlt

Amann, Andreas (2009): Der Prozess des Diagnostizierens – wie untersuche ich eine Gruppe? in: Edding, Cornelia / Schattenhofer, Karl (Hrsg.)(2009): Alles über Gruppen. Theorie, Anwendung, Praxis, Weinheim, Basel: Beltz. S. 404-436

Bales, Robert Freed / Cohen, Stephen P. / Williamson, Stephen A. (1982): SYMLOG: ein System für die mehrstufige Beobachtung von Gruppen, Stuttgart: Klett-Cotta

Berne, Eric (1979): Struktur und Dynamik von Organisationen und Gruppen, München: Kindler

Bennis, Warren G. (1972): Entwicklungsmuster der T-Gruppe. In: Bradford, Leland P. / Gibb, Jack R. / Benne, Kenneth D. (Hrsg.) (1972): Gruppen-Training. T-Gruppentheorie und Laboratoriumsmethode, Stuttgart: Klett, S. 270-300

Bion, Wilfried Ruprecht (1968): Experiences in Groups and other Papers, London: Tavistock

Bleicher, Knut (2004): Das Konzept Integriertes Management. Visionen - Missionen - Programme. Frankfurt a.M. /New York: Campus Verlag

Elias, Norbert (1996): Die Gesellschaft der Individuen, Frankfurt a.M.: Suhrkamp

Gfäller, Georg R. (2010): Die Wirkungen des Verborgenen. Unbewusste Hintergründe kommunikativer Prozesse in Unternehmen und Institutionen, Stuttgart: Klett-Cotta

Hay, Julie (2009): Transactional Analysis fort Trainers, 2nd ed. (2009), Wildhill, Broadoak End, Hertford: Sherwood Publishing

Heitger, Barbara / Doujak, Alexander (2014): Harte Schnitte. Neues Wachstum: Wandel in volantilen Zeiten. Die Macht der Zahlen und die Logik der Gefühle im Change Management, 2. Aufl. (2014) München: mi-Wirtschaftsbuch

Hofstätter, Peter R. (1957): Gruppendynamik. Kritik der Massenpsychologie, Hamburg: Rowohlt

König, Oliver / Schattenhofer, Oliver (2012): Einführung in die Gruppendynamik. 6. Aufl. (2012), Heidelberg: Carl Auer

Korpiun, Michael / Thiele, Martin (2016): Organisationen als sinnorientierte Konstitution kollektiver Beziehungsbilder – Grundlagen eines beziehungsorientierten Organisationsverständnisses. in: Raeck, Hanne / Lohkamp, Luise (Hrsg.) (2016): Tore und Brücken zur Welt. Willkommen in bewegten Zeiten, Lengerich: Pabst Science Publishers, S. 180-200

Lewin, Kurt (1963): Feldtheorie in den Sozialwissenschaften: ausgewählte theoretische Schriften, Bern: Huber

Lippitt, Lawrence L. (1998): Preferred Futuring. Envision the future you want and unleash the energy to get there, San Francisco: Berett-Koehler

Moreno, Jakob Levy (1995): Die Grundlagen der Soziometrie, Opladen: Leske + Budrich

Piaget, Jean (1976): Die Äquilibration der kognitiven Strukturen, Stuttgart: Klett

Pritz, Alfred (1988): Paarbildung und Triangulierung in der gruppenanalytischen Psychotherapie: in Ritter-Röhr, (Hrsg.) (1988): Gruppenanalytische Exkurse, Berlin und Heidelberg: Springer, S. 49-64

Sandner, Dieter (1978): Psychodynamik in Kleingruppen: Theorie des affektiven Geschehens in Selbsterfahrungs- und Therapiegruppen (Selbstanalytischen Gruppen), München: Reinhardt

Schiff, Jacqui Lee (ed.) (1975): Cathexis Reader. Transactional Analysis. Treatment of Psychosis, New York/ Evanston/ San Fracisco, London: Harper & Row

Schindler, Raoul (1969): Das Verhältnis von Soziometrie und Rangordnungsdynamik, in: Gruppenpsychotherapie und Gruppendynamik, Vol. 3 (1), S. 31-37

Senge, Peter M. (2011): Die fünfte Disziplin. Kunst und Praxis der lernenden Organisation, 11. Aufl. (2011), Stuttgart: Schaeffer-Poeschel

Stock, Whitacker, Dorothy / Lieberman, Morton (1965): Psychotherapy trough the group process, London: Tavistock Publications

Tuckman, Bruce W. (1965): Developmental Sequence in Small Groups, in: Psychological Bulletin, Vol. 63 (6), Pp. 384-399

West, Michael A. (2004): Effective Teamwork. Practical Lessons from Organizational Research, 2nd ed. (2004), Leicester: PBS Books

Entwicklungsarbeit mit
Organisationen

07

Martin Thiele, *Cornelia Jenke*

Interviews als hochwirksame
Intervention in
organisationalen
Veränderungs- und
Entwicklungsprozessen

Interviews als hochwirksame Intervention in organisationalen Veränderungs- und Entwicklungsprozessen

Martin Thiele, Cornelia Jenke

Zusammenfassung

Der folgende Artikel befasst sich mit Interviews als Beziehungs-gestaltungsinstrument im Rahmen von organisationalen Verän-derungsprozessen. Hierfür wird, nach einer kurzen Einleitung (1) zunächst eine Verortung in der qualitativen Sozialforschung vor-genommen (2), um auf die Relevanz und bisher fehlende Bedeu-tung von Beziehungsaspekten im Hinblick auf Interviews zu ver-weisen. Dann wird der relationale Nutzen von Interviews beschrieben (3), auf die eine Betrachtung von Interviews als In-tervention (4) folgt. Die Punkte (3) und (4) erfolgen dabei unter der Berücksichtigung transaktionsanalytischer Konzepte. Diese wird dann anhand von Beispielen unterfüttert (5). Anschließend wird noch kurz auf die Weiterverwendung der erhobenen Daten eingegangen (6). Zum Schluss folgt eine Zusammenfassung der dargestellten Inhalte inkl. der Betonung relationaler Aspekte (7).

„Voice is both consciousness expressed and reaching others – a relational term."

Graumann 1990, S. 108

193

1. Einleitung

Der Begriff Interview bedeutet in seiner wörtlichen Herkunft „einander sehen" (vgl. Duden Herkunftswörterbuch 2007, S. 367) im Sinne einer Zusammenkunft und dem Einander-Wahrnehmen und erhält damit eine eminent relationale Färbung.

Interviews finden als Beziehungsentwicklungsinstrument im Rahmen von Veränderungsprozessen in Organisationen bisher wenig Raum. Die allgemeine Bedeutung und Durchführung von Interviews findet in der bestehenden Literatur hingegen in Bezug auf seinen Nutzen als Erhebungsmethode oder generell als Beratungsgespräch umfängliche Beachtung. Interviews sind schon lange und hinlänglich beschrieben als Methodik der qualitativen Sozialforschung und in der Psychologie als wesentliches diagnostisches[25] Format. Therapie und im weiteren Sinne auch Beratung meint „Nachforschung" (vgl. Hargens 2006, S. 102) und schließt daher sowohl psychologische Aspekte als auch solche der qualitativen Forschung ein. Daher möchten wir noch einmal fokussiert und gleichzeitig umfänglicher die Relevanz dieser Intervention im Hinblick auf Empirie und Psychologie beleuchten, um diese daraufhin beziehungsorientiert in den spezifischen Kontext von begleiteten Veränderungs- bzw. Entwicklungsprozessen

---

[25] In seinem altgriechischen Urspruchg geht der Begriff auf Gnõsis zurück und meint Erkenntnis die Präfix dia durch bzw. hindurch. Der Begriff Diagnose wird jedoch im Duden Herkunftswörterbuch in seiner Herkunft als „Krankheit feststellen" gedeutet und ist vorwiegend negativ konnotiert, da defizitorientiert (vgl. ebd. 2007 S. 144). Generell kann eine zu starke Psychologisierung von Beratung in diesem Sinne zu auf den Prozess repressiv wirkenden Etikettierungen oder „Allegiance-Effekten" führen (vgl. Galuske 1999, S. 155). Diagnose meint jedoch in seinem Ursprung „durch und durch erkennen" bzw. „eine unterscheidende Beurteilung vornehmen" (vgl. Duden Herkunftswörterbuch 2007, S. 144) und ist damit ganzheitlich zu verstehen und sowohl auf Defizite, als auch auf Ressourcen bezogen. Idealerweise kann hier auch von einer Bestandsaufnahme gesprochen werden.

in Organisationen zu stellen. Hierfür werden relevante Aspekte für die Interviewsituation, die konkrete Vorgehensweise musterhaft beschrieben sowie kurze Beispiele für Interventionen vorgestellt.

Abschließend werden die relevantesten Punkte zusammengefasst und die Relevanz beziehungsorientierter Aspekte für organisationale Veränderungsprozesse hervorgehoben.

2. Definition und Einordnung von Interviews

Die qualitative Sozialforschung legt in ihrem Erkenntnisgewinn das Verstehen von der Erfahrung der Umwelt im Kontext von Denken, Fühlen und Handeln in den Fokus (vgl. Mayring 1995, S. 33), welcher auch im Rahmen von Beratungen und Interviews in Bezug auf organisationale Veränderungsprozessen von besonderem Interesse ist (vgl. Artikel „Ebenen von Entwicklungs- und Veränderungsprozessen" in diesem Band S. 57-80). In der Sozialforschung existieren neben Interviews auch Beobachtungsverfahren (Feldforschung und teilnehmende Beobachtung), die vor allem in der Ethnologie wichtig sind oder bei Gruppendiskussionen, wodurch die Kommunikation von Gruppen erfasst wird und vor allem in der qualitativen Markt- und Meinungsforschung Anwendung findet. Das Spektrum von Befragungsmöglichkeiten reicht von geschlossenen zu offenen Formen der Informationsgewinnung. Die Geschlossenste ist die Befragung mit vorgegebenen Antwortmöglichkeiten oder einem Skalenfragebogen. Demgegenüber bestehen offene Verfahren, welche einen möglichst freien Erzählstimulus anwenden und damit einen besonders geringen Einfluss auf die Interviewperson ausüben. Ein offenes Verfahren ist hierbei besonders wünschenswert, um unverfälschte Informationen zu gewinnen und an Tiefenwissen zu gelangen. Daneben bestehen Leitfadeninterviews mit wenigen offenen Fragen (3 – max. 17), um zwar mögliche Vorannahmen der interviewenden Person zu vermeiden und dennoch den Erzählfokus effektiv auf ein bestimmtes Themengebiet zu lenken. Diese Form scheint daher besonders geeignet, um bestimmte Aspekte (z.B. Organisationskultur) zu fokussieren und hierzu möglichst tiefgreifende Strukturen zu erschließen.

Es existieren, je nach Feld und Untersuchungsziel, unterschiedlichste Arten von Interviews. Beispielsweise wird das narrative Interview nach Schütz (1984) zur Biografieforschung eingesetzt, das Experten_inneninterview[26] nach Bogner (2005) wird zur Erfassung von spezifischem Deutungswissen und professionellem Wissen verwendet oder das Konstruktinterview nach König und Volmer (2008), welches eine spezifische Form des Experten_inneninterviews darstellt, nimmt die Interviewperson als Experten_In für den jeweiligen spezifischen Arbeitsbereich wahr. Die individuellen relevanten Konstrukte[27] der Interviewpersonen mit denen sie ihre Wirklichkeit deuten, stehen hierbei im Vordergrund und können im Anschluss jeweils miteinander verglichen werden (vgl. König & Volmer 2008, S. 288; Köster & Kruse 2012, S. 167). Vor allem Meinungen und Einstellungen können über dieses Verfahren ermittelt werden, aber auch Prozesse und Kompetenzen (vgl. Köster & Kruse 2012, S. 155). Daher bietet

---

[26] „Die Experteninterviews haben in diesen Untersuchungen die Aufgabe, dem Forscher das besondere Wissen der in die Situationen und Prozesse involvierten Menschen zugänglich zu machen." (Gläser & Laudel 2010, S. 13)

[27] Staemmler ersetzt den Begriff der Konstruktion vorzugsweise mit „Kreativer Aneignung" (vgl. ebd. 2015, S. 187), womit er Erfahrungen geteilter Aktivitäten mit Anderen bezeichnet und die schöpferische Formung des Selbst und der Anderen beeinflusst (vgl. ebd. S. 9, 109). Gleichzeitig bleibt die Möglichkeit einer nicht-existierenden einzigen Erfahrungswelt und der Mechanismus einer sozialen Abbildung in der Psyche erhalten (vgl. ebd. S. 106, 174)

sich diese Form des Interviews als Grundlage für eine Organisationsbestandsaufnahme und eine darauf aufbauende Prozessberatung an (vgl. Artikel „Ebenen von Entwicklungs- und Veränderungsprozessen" S. 59-80 sowie „Architektur von Veränderungsprozessen" S. 17-56 in diesem Band).

Interviews können also unterschiedliche Ziele verfolgen und verfügen entsprechend über verschiedene zugeschnittene Herangehens-, Durchführungsweisen und Auswertungsmethoden. Wenngleich diese Aspekte bei der Planung und Umsetzung von Interviews besondere Sorgfalt beanspruchen, wird im Folgenden der Fokus - neben dem Aspekt des Erkenntnisinteresses - konkret auf der Durchführungssituation und dessen Bedeutung als Beziehungsraum für die Gestaltung von organisationalen Entwicklungsprozessen gelegt.

Alle Interviewarten haben in ihrer Vorgehens- und Funktionsweise einen ähnlichen Kern inne: sie versuchen – möglichst unvoreingenommen – die subjektiven Deutungsmuster (Interviewperson) und objektiven Orientierungsmuster eines Feldes (Organisation) herauszudeuten (vgl. Schütz 1981).[28]

„Die soziale Wirklichkeit, hat [...] eine besondere Bedeutung und Relevanzstruktur für die in ihr lebenden, handelnden und denkenden menschlichen Wesen. Sie haben diese Welt, in der sie die Wirklichkeit ihres täglichen Lebens erfahren, in einer Folge von Konstruktionen des Alltagsverstandes bereits vorher ausgesucht und interpretiert [...]." (Schütz 1971, S. 68)
Aus diesen Konstruktionen bzw. kreativen

---

[28] Vgl. Beratungskonzept nach Thiersch mit der Maxime der Lebensweltorientierung, bei der vor allem die Nahtstelle zwischen individueller Biografie und gesellschaftlichen Strukturen betont wird (vgl. Thiersch 1992).

Aneignungen heraus wird die Interviewperson ihre Erzählungen aufbauen und diese gleichzeitig offenbaren.[29]

Die Unvoreingenommenheit eines möglichst offenen Verfahrens bezweckt, die interviewte Person in ihrem Rekonstruktionsprozess im Rahmen seiner Erzählungen möglichst wenig zu beeinflussen, um eine Entfaltung von Inhalten möglichst dicht an den individuellen Erfahrungen zu ermöglichen und ein „realistisches" Bild ihrer Wahrnehmung bzw. ihrer Wirklichkeitskonstruktionen zu erhalten. Interviews eignen sich daher besonders, um tiefer liegende individuelle und soziale Regeln herauszukristallisieren und zu vergleichen.

Die Befragungsperson berichtet dabei Zusammenhänge aus ihrer Perspektive und wird diese so aufbereiten, dass sie dem Gegenüber verständlich sind. Daraus ergeben sich bestimmte Zugzwänge[30] des Erzählens (vgl. Schütz & Luckmann 1984), welche dafür sorgen, dass die Befragungsperson die Inhalte, die sie erzählen möchte auch für sich sinnvoll ordnet. Gewöhnlich orientieren sich die Erzählenden anhand von kognitiven Figuren bzw. relevanten Markern, an denen sich ihre Darstellung entlang hangelt. Die Art und Weise der Ordnung hängt dabei maßgeblich davon ab, welche Haltung der Erzählende einnimmt, wie er seine Umwelt wahrnimmt und diese empfindet und entsprechend konstruiert und darstellt. I.d.R. kommt es daher im Erzählprozess zu einem bewussten und systematischen Arrangement der eigenen Konstruktionen zu einem bestimmten Themenbereich, was für die Befragungsperson häufig schon als hilfreich empfunden

---

[29] Vertiefend hierzu:
Lorenzer, Alfred: Die Sprache, der Sinn, das Unbewusste: psychoanalytisches Grundverständnis und Neurowissenschaften
Lakoff, George / Johnson, Mark: Leben in Metaphern. Konstruktion und Gebrauch von Sprachbildern.
[30] Gestaltschließungszwang, Detaillierungszwang, Kondensationszwang.

wird und daher bereits als Intervention betrachtet werden kann. Des Weiteren erhält die interviewende Person nicht nur Informationen über die gesagten Inhalte, sondern auch das kognitive Arrangement dieser Inhalte.

Es wird an dieser Stelle bereits deutlich, dass Interviews zur Prozessberatung neben dem Aspekt der Informationsgewinnung auch eine psychologisch-beratende Dimensionen enthalten. Insgesamt ist es daher sinnvoll in die Interviewmethodik als Beratungsinstrument auch Facetten psychologischer und beraterischer Erstgespräche einfließen zu lassen. Im Folgenden wird darauf eingegangen, um die Literaturlücke zum Thema Interviews in Organisationsberatungsprozessen mit den Aspekten der Beziehungsgestaltung zu füllen.

Zunächst wird hierfür der Nutzen von Interviews für den Organisationsentwicklungsprozess hervorgehoben. In einem weiteren Schritt wird dann das Vorgehen im Rahmen des Interviews bzw. Gesprächs beschrieben, wobei der Schwerpunkt weiterhin auf einem beziehungsorientierten und konstruktiven Ansatz liegt. Anschließend wird exemplarisch kurz erläutert, wie in der Interviewsituation auf bestimmte Aspekte reagiert werden kann und auf welche Weise die Ergebnisse später weiterverwendet werden können.

3. Der Nutzen von Interviews für einen beziehungsorientierten und konstruktiven Ansatz organisationaler Entwicklungs- und Veränderungsprozesse

Abbildung 1: Übersicht zu den verschiedenen Aspekten der Nützlichkeit von Interviews.

Der offensichtliche Nutzen von Interviews ist, wie bereits deutlich wurde, vornehmlich inhaltsbezogen und liegt dabei auf der Hand. Man erhält weitere Informationen aus unterschiedlichen individuellen Perspektiven. Es lässt sich feststellen, an welchen Stellen kollektive Sichten bestehen und wo diese divergieren bzw. inwieweit sich ein homogenes oder eher heterogenes Gesamtbild im Hinblick auf Wahrnehmung von Symptomen, Ursachen und Ressourcen ergibt. Risto spricht in diesem Zusammenhang von einer „Shuttle-Phase", bei der die Beratungsperson, wie ein Shuttle (Weberschiffchen) zwischen den unterschiedlichen Positionen Fäden zu einem Gesamtbild spannt (vgl. ebd. 2003, S. 79). I.d.R. werden hierbei Hypothesen zunächst im Rahmen von Interviews getroffen oder, im Fall von bereits getroffenen impliziten Hypothesen, können diese validiert oder adaptiert werden. Im Hinblick auf die eigene Haltung ist es hier wichtig eigene Vermutungen zu überprüfen, anstatt diese zu unterstellen, um gegen Manipulationen und Etikettierungen zu immunisieren (vgl. Rosenthal 1966) und ressourcenorientiert agieren zu können. Müller und Wetzig-Würth warnen in diesem Zusammenhang vor einer Verleitung durch einseitige Symptom-orientierung (vgl. ebd. 2008, S. 34).

Neben dem Erkenntnisinteresse eines Interviews liegt ein min-destens genauso relevante Nutzen im Prozess der Intervention selbst bzw. der Beziehungsgestaltung, die sich daraus ergibt. Es handelt sich hierbei um „weiche Interviews", bei denen Empa-thie, Akzeptanz und Vertrauen eine hohe Relevanz besitzen (vgl. Wittkowski 1994, S. 26; Rogers 2014, S. 277 ff.; Roethlisberger et al. 1946; Tausch & Tausch 1990). Die Beziehungsgestaltung stellt die wesentliche Basis weiterer Maßnahmen dar (vgl. Sachse 2016, S. 67) und trägt einen erheblichen Teil zum Gelin-gen eines Beratungsprozesses bzw. zur Herstellung eines idealen Beratungssettings bei. Hierbei ist es bedeutsam eine Balance zwischen der – je nach Ausgangsbedingungen - z.T. gegenläufi-gen Informationsbeschaffung und der Herstellung eines positi-ven Beziehungsklimas zu erhalten. Um die Basis für die Bezie-hungsgestaltung zu schaffen, ist es vorneweg sinnvoll, die Wirkung des äußeren Settings zu berücksichtigen. Hierbei ist es empfehlenswert, die Befragungsperson nicht in eine unbehagli-che Situation zu bringen und im Idealfall in ihrem gewohnten Umfeld zu belassen (vgl. „natürliche Umgebung" n. Lamnek 2005, S. 396). Zudem ist es ratsam, dass im Vorfeld beidseitig ausreichend Zeit – aus unserem Erfahrungskontext 1,5 bis 2 Stun-den - vereinbart wird um Termindruck zu vermeiden und sons-tige Vorkehrungen zu treffen, um Störungen zu vermeiden (z.B. Telefon ausstellen, Zettel an der Tür anbringen). Darüber hinaus ist es günstig, als interviewende Person selbst Ruhe ausstrahlen und die entsprechenden Vorkehrungen hierfür zu treffen, um die Befragungsperson nicht zu irritieren.

Darauf aufbauend sind folgende Faktoren für die Beziehungsge-staltung als Interventionsbestandteil relevant.

3.1. Einbindung in den Beratungsprozess

- Die Befragungspersonen fühlen sich durch ein Interview bereits von Anfang an in den Prozess integriert und in ihrem Beitrag hierzu ernst genommen.31 Wichtig ist dabei, dass eine verbindliche Rückmeldung zu den offengelegten Informationen erfolgt, um nicht Frustration hinsichtlich der Selbstwirksamkeit der Befragungspersonen zu erzeugen. Dies kann bereits bei der Auswahl der Interviewpersonen in Abhängigkeit von der Interventionsplanung beachtet werden. Generell ist es hierbei sinnvoll, Personen aus unterschiedlichen Bereichen und Ebenen zu interviewen und hier potenziell divergierende Ansichten zu erfragen, um eventuelle Spannungsfelder und Gemeinsamkeiten ausfindig machen zu können.

3.2. Aufbau von Beziehung und Vertrauen zur Beratungsperson

- Es besteht bereits beim Interview die Möglichkeit, die Beratungsperson kennen zu lernen und eine persönliche Beziehung herzustellen. In der Art der Gesprächsführung kann die interviewte Person Vertrauen zur Beratungsperson und dessen Rolle im Prozess schöpfen. Die Herstellung von Vertrauen ist basal für die Selbstoffenbarung und Eröffnung von Informationen der interviewten Person gegenüber der beratenden Person ohne Verzerrungen oder Zensuren (vgl. Sachse & Sachse 2009). Dies hat einen nachhaltigen Einfluss auf den weiteren Beratungsverlauf,

---

[31] Aus motivationspsychologischer und handlungstheoretischer Sicht wird die Befragungsperson nur an dem Interview teilnehmen, sofern dies für sie einen Sinn ergibt, bspw. durch Anerkennung durch die Beratungsperson oder der Möglichkeit etwas zum Prozess in eigener Sache beitragen zu können (vgl. Wittkowski 1994, S. 28).

da nur eine vertrauensvolle Beziehung einen wirksamen Veränderungsprozess und die Gewinnung der hierfür notwendigen Informationen ermöglicht (vgl. Sachse 2016, S. 30; Anderl & Reineck 2016, S. 208). Sachse (2016) unterteilt hierbei personales Vertrauen und Kompetenz-Vertrauen. Personales Vertrauen beinhaltet die Loyalität der Beratungsperson und die Haltung, dass diese keine Bewertungen von gesagten Inhalten vornimmt (vgl. Sachse 2016, S. 30). Das Kompetenzvertrauen umfasst die Einschätzung der fachlichen Qualifikation der Beratungsperson, einen Veränderungsprozess begleiten zu können und auch unangenehme Aspekte aushalten zu können (vgl. ebd., S. 31). Im Rahmen des Prozesses verzahnen sich beide Vertrauensarten und bilden eine Art Credit-Konto, von dem die Beratungsperson in Form von bspw. Konfrontationen abbuchen kann (vgl. ebd.).[32] Wichtig in diesem Kontext sind klare Vereinbarungen zu Beginn des Gesprächs. Diese beinhalten:

die *Zusicherung von Vertraulichkeit* (vgl. Kuhnert & Teuber 2008, S. 33): die Interviewergebnisse werden niemals ohne Absprache als Einzelmeinung oder -aussage dargestellt. Stattdessen wird stets eine konsolidierte Sicht gezeigt. Ebenfalls wird zugesichert, dass über diese Rückmeldung hinaus keine Informationen an Auftraggebende erfolgen.

---

[32] Neutrale Interventionen sind bspw. Paraphrasierungen oder nach Berne Hervorhebungen. Eine aufbuchende Intervention findet bspw. statt, wenn ein/-e Klient_In sich im Rahmen einer Explizierung bzw. Erläuterung besonders verstanden fühlt. Das „Konto" sollte hierbei stets genügend Credits für Konfrontationen innehaben, um diese zu ermöglichen ohne Krisen auszulösen. Steht eine Intervention den Intentionen des/-r Klienten_In gegenüber, so sinkt das Guthaben des Beziehungskontos (vgl. Sachse 2016, S. 32).

die *Erlaubnis zur Offenheit*: der interviewten Person wird im Vorfeld die Erlaubnis gegeben - als Bitte formuliert - so offen zu reden, wie er oder sie dies möchte und dass jeder Grad an Offenheit ok ist. Dies führt häufig dazu, dass Widerständen, Frustrationen und Ängsten Raum gegeben wird, wodurch bereits eine Entlastung stattfinden kann.

die *Bitte um Rückmeldung* zum Interviewprozess: es wird darum gebeten, direkte Rückmeldung zu geben für den Fall, dass er oder sie sich unwohl fühlt oder etwas als störend empfindet, um unmittelbar darauf reagieren zu können.

3.3. Vermittlung von Wertschätzung

- Durch die beiden bereits genannten Facetten sowie die eigene Haltung wird der interviewten Person gegenüber Wertschätzung bzw. Anerkennung vermittelt. Der eigenen Haltung kommt hierbei eine erhebliche Rolle zu, da diese das Gelingen maßgeblich begünstigen kann. Nach Berne ist hierbei die Haltung „Ich bin ok, Du bist ok." (+/+) elementar (vgl. Grundeinstellungen33 nach Berne 1998, S. 108 ff.). Zudem sollten die zuvor bereits genannten Aspekte darin enthalten sein. Die eigene Beratendenhaltung zeigt sich auch auf unterschwelliger Ebene und wird im Kontakt offenbart und kann nicht nur durch einen bloßen kognitiven Willen verkörpert werden. Sachse hebt in diesem Zusammenhang vor allem die Signalkongruenz (vgl. ebd. 2016, S. 65) hervor, welche ein kohärentes Zusammenspiel von Denken, Fühlen und Handeln (vgl. Artikel

---

[33] -/-: Ich bin nicht ok, Du bist nicht ok. -/+: Ich bin nicht ok, Du bist ok. +/-: Ich bin ok, Du bist nicht ok. +/+: Ich bin ok, Du bist ok.

204

Dynamik der Verfestigung und Veränderung von Haltungen und Einstellungen) meint, dessen Inkonsistenzen sich nuanciert der interviewten Person offenbaren würden (vgl. Rogers 2014, S. 276f.). Bspw. kann der Wille zur Akzeptanz (durch Zielantizipation) vorhanden sein – ist dies jedoch nicht in der Haltung verankert, so kann sich die mangelnde Akzeptanz bspw. in bewertender Mimik oder Tonlage äußern.[34] Ist eine entsprechende signalkongruente und wertschätzende Haltung gegeben, fühlt sich die befragte Person sowohl von der Tatsache der Einbindung als auch auf der Beziehungsebene positiv bestärkt. Bei der Haltung ist es gleichzeitig relevant, ein angemessenes Verhältnis von Nähe und Distanz (bzw. Direktheit und Bedachtsamkeit, vgl. König und Volmer 2012, S. 34) zu entwickeln, welches der Befragungsperson und gleichzeitig der Authentizität der interviewenden Person entspricht. König und Volmer sprechen in diesem Zusammenhang von „dem Gefühl für die Situation" (vgl. ebd., S. 35 f.) und Schulz von Thun von „Stimmigkeit im Spannungsfeld von personaler Authentizität und systemisch-situativer Angemessenheit" (vgl. von Thun 1996, S. 18).

---

[34] Dies bedeutet nicht, dass keine intuitiven Bewertungen zugelassen werden dürfen. Diese können durch bewusstes Zulassen, bspw. im Rahmen von konfrontierenden Interventionen, hilfreich sein und sind nicht mit fehlender Akzeptanz gleichzusetzen (vgl. Sachse 2016, S. 66). Das Erkennen von Manipulationen ist nicht mit mangelnder Loyalität oder mangelndem Respekt zu pauschalisieren (vgl. ebd.).

Bezugnehmend auf das in unserem Beratungsverständnis zuträgliche Modell der „Therapeutischen Triade" 3P[35] (Permission, Protection und Potency) (vgl. Berne 1998, S. 421 ff.; Schlegel 1995, S. 266 f.) gelingt ein Interview dann gut, wenn die Beratungsperson erlaubnisgebend wirkt, sich offen äußern zu können, gleichzeitig Schutz vor allem im Sinne von Vertraulichkeit bereitstellt und den Eindruck vermittelt, kompetent zu sein in der Aufnahme sowie der Verarbeitung des Gesagten. Dies zeigt sich bspw. auch durch die Art der Gesprächsführung und die Bereitschaft, sich auf genannte wichtige Themen des Interviewpartners einzulassen.

---

[35] Therapeutische Triade zu der Erlaubnis (permission), ermutigender Rückhalt (protection) und Überzeugungskraft durch Autorität (potency) zählen. Bei der Erlaubnis wird destruktiven Botschaften durch Gegenbotschaften beigekommen und bietet überdies die Chance zur „Neuentscheidung" bzw. die Ausprägung eines wohlwollenden Eltern-Ichs. Nach der Phase der „Neuentscheidung" erhält der ermutigende Rückhalt an Relevanz, da neu gewonnene Autonomie zu Ängsten führen kann und an dieser Stelle mit Rückhalt und weiterer Erlaubnis entgegnet werden kann. Die beiden beschriebenen Punkte der Triade sind nur unter dem Aspekt der von Klienten_Innen zuerkannten Autorität des/-r Therapeuten_In wirksam, wodurch Erlaubnis und Rückhalt ihre Überzeugungskraft erhalten. (vgl. Schlegel 1995, S. 267f.) Vergleichbar mit diesem Ansatz legt von Thun vor allem Wert auf „Menschlichkeit" und „Professionalität" (vgl. von Thun 1996, S. 22, vgl. hierzu auch Sachse 2016, S. 34ff.).

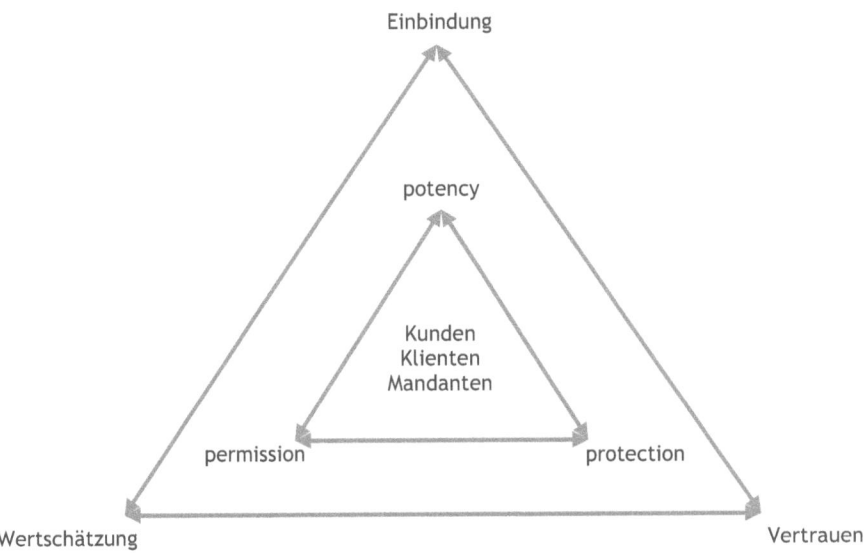

Abbildung 2: Vernetzung der Aspekte des transaktionsanalytischen Modells 3P und dem beziehungsrelevanten Nutzen von Interviews.

Damit führen Interviews gerade zu Beginn eines Prozesses zu einem signifikanten Abbau von Skepsis bzw. Kooperation, dem Aufbau von Vertrauen in die Beziehung und einer Zustimmung zu den Inhalten des Prozesses.[36]

---

[36] Siehe dazu auch das Modell der Kräfteanalyse in Veränderungsprozessen („Restraining Forces" – Sicherheitsstreben und „Driving Forces" - Veränderungsstreben) von Lewin / Van Kamphaus / Steinert in Mohr, G. und Steinert, T. (2006), S. 129ff.

Um die bisher genannten Aspekte umzusetzen und zu begünstigen folgt nun eine angedeutete und exemplarische Darstellung der Vorgehensweise im Rahmen von Interviews.

4. Interviews als Intervention: Anwendung und Vorgehensweise

Interviews führen wir in der Regel halbstandardisiert im Sinne eines grundsätzlichen Fragenkatalogs durch. Dieser enthält Leitfragen, die der befragten Person aber nicht offengelegt werden, um Beeinflussungen zu vermeiden. Die Fragen sind hierbei vorbereitet, werden aber passend in den sich entwickelnden Gesprächsfluss eingeflochten. Hierbei ist es sinnvoll, Interviews vorwiegend als ein Gespräch – also dialogisch - zu führen, um flexibel auf die interviewte Person und bestimmte Themenbereiche zu reagieren und beiden Gesprächsteilnehmenden die Freiheit zu lassen, je nach Wendung im Gespräch, bestimmten Aspekten mehr Raum zu geben. Dies gibt den Befragten zudem die Möglichkeit, sich im Gespräch symmetrisch auf Augenhöhe zu erleben. Die Interviewsituation bleibt dadurch natürlich und gestaltet sich weniger deterministisch in Bezug auf die Ergebnisse und gleichzeitig kann die interviewende Person gezielt auf sich eröffnende Themenbereiche eingehen und diese detailliert erschließen. Wenngleich eine möglichst offene Erzählung der Befragungsperson erwünscht ist, sollte gleichzeitig die Effektivität des Interviews gesichert sein. Die Offenheit gewährleistet die Authentizität der erhobenen Daten und gleichzeitig wird ein Verstricken in Fragmentierungen vorgebeugt (vgl. Deppermann 2008, S. 18 f.). *„Eine leitfadenorientierte Gesprächsführung wird beidem gerecht, dem thematisch begrenzten Interesse des Forschers an dem Experten wie auch dem Expertenstatus des*

Gegenübers. Die in die Entwicklung des Leitfadens eingehende Arbeit schließt aus, dass sich der Forscher als inkompetenter Gesprächspartner darstellt. […] Die Orientierung an dem Leitfaden schließt auch aus, dass das Gespräch sich in Themen verliert, die nichts zur Sache tun, und erlaubt zugleich dem Experten seine Sache und Sicht der Dinge zu extemporieren." (Meuser & Nagel 2002, S. 77)

Im Gesprächsverlauf ist es zudem sinnvoll, zwischen dem Gesagten der Befragungsperson und der nächsten Frage wenige Sekunden (21, 22, 23) zu lassen, um tatsächlich allen Gedanken Raum zu lassen. Nicht selten sind die Dinge, die nach einer kurzen Pause gesagt werden, die Aufschlussreichsten. Im Übrigen liegen auch in der Eingangssequenz oftmals ergiebige Informationen.

Beispielhaft strukturieren wir Interviews wie folgt, wobei Einführung und Gesprächsende in dieser Form fixiert sind, während der eigentliche Gesprächsteil wie zuvor angesprochen vorwiegend variabel gehalten wird:

Einführung

(1) Eingangs werden die oben bereits genannten Aspekte, Vertraulichkeit, Offenheit und Rückmeldung zu den Informationen sowie dem Prozess dargelegt.

(2) Darauf folgt die Darstellung der Beauftragungssituation in der Organisation sowie der nächsten Schritte und Ziele des Interviews. Durch Aufklärung und Transparenz wird das psychologische Grundbedürfnis nach Struktur (vgl. „3S"[37] nach Berne 1998; S. 38) befriedigt und überdies Sicherheit für die weitere

---

[37] Stimulation (sinnliche Anregung), Strokes (Anerkennung) und Structure (Zeitstrukturierung).

Zuträglichkeit und Verwendung der Interviewergebnisse vermittelt.

(3) Je nach Befragungsperson und Vorgehensweise im Interview kann hier eine grobe Beschreibung des Interviewablaufs sinnvoll sein (z.b. „Ich werde nur etwas sagen oder fragen, falls Sie hängen, ich weitere Details benötige oder mir etwas auffällt. Ansonsten können sie so frei wie möglich erzählen. Die Inhalte entwickeln sich i.d.R. quasi von selbst, während des Erzählens.").

(4) Dann können noch mögliche Fragen seitens der Befragungsperson zur Beauftragung und dem Interviewprozess geklärt werden.

(5) Die Einführung schließt mit einer gegenseitigen Vorstellung. Dabei liegt das Interesse insbesondere auf dem Werdegang vor und in der Organisation und dem Verständnis der aktuellen Rolle einschließlich der zugehörigen Kompetenzen. Seitens der Beratungsperson können Werdegang, Erfahrungen, vergleichbare Projekte und eigener methodischer Arbeitsstil erwähnt werden (vgl. König & Volmer 2012, S. 36). Dadurch können die zunächst unvermeidbare Fremdheit und damit einhergehenden Spannungen und Unsicherheiten aufgehoben werden und in leichter in „Orientierung, Sicherheit und Vertrauen" überführt werden (vgl. Kähler 1991, S. 19).

Interview

Das Interview wird mit einer einleitenden und möglichst offenen und allgemein gehaltenen Frage aus dem Hintergrund der Beauftragungssituation als Erzählstimulus initiiert, z.B. "Wie sehen Sie die Herausforderungen für Ihre Organisation?" oder auch "Womit geht es Ihnen in der aktuellen Situation gut und womit nicht?". Meist werden diese Fragen auf bestimmte relevante Ebenen, wie bspw. Struktur, Kultur, Prozesse, Führung etc. bezogen bzw.

durch Initiierung der Beratungsperson weiter exploriert. Dabei bewegen wir uns methodisch gerne entlang ausgewählter Interventionen[38] von Berne (s.u.), wobei Fragen bzw. die Befragungen selbst bereits als Interventionen zu verstehen sind, z.B. "Bitte nennen Sie Attribute, die die derzeitige Kultur beschreiben."

Gesprächsende

(1) Als Übergang aus dem Interview werden der teilnehmenden Person bestimmte Fragen zu den Inhalten gestellt:

Abgebrochene Erzählstränge oder Auslassungen können an dieser Stelle noch aufgegriffen werden (vgl. Konfrontation).

Eine weitere elementare Frage ist, ob aus Teilnehmendensicht noch andere wichtige Aspekte existieren, die nicht besprochen wurden. Wenn dies der Fall ist, wird darauf noch eingegangen.

Je nach Prozess ist zu klären, ob und inwieweit die teilnehmende Person für den Fall späterer Fragen im Konsolidierungsprozess erneut kontaktiert werden kann.

(2) Abschließend wird mitgeteilt, dass für uns zunächst alle Fragen beantwortet sind. Zudem werden die Zeit und die Offenheit der interviewten Person mit einem Dank (vgl. König & Volmer 2012, S. 36) wertgeschätzt, womit gleichzeitig das Grundbedürfnis nach Zuwendung anerkannt wird.

(3) Als letzter Punkt wird die bereits eingangs besprochene weitere Vorgehensweise mit den Interviews aufgegriffen bzw.

---

[38] Bspw. die Befragung als Intervention im Sinne Bernes sieht Fragen vor, die das Erwachsenen-Ich aktivieren und teilweise Ähnlichkeiten zu Konfrontationen und anderen Interventionsarten aufweisen können (vgl. Intervention: Konfrontation s.u.).

wiederholt, um zuletzt erneut auf das Grundbedürfnis nach Struktur einzugehen.

5. Beispiele für die Nutzung von Interventionen im Rahmen des Interviews

Je nach Untersuchungsziel können unterschiedliche Arten von Fragen genutzt werden, wobei Suggestivfragen[39] stets zu vermeiden sind. Eine methodisch differenzierte Fragetechnik ist das Handwerkszeug für Interviews im Beratungskontext. Mögliche Beispiele hierfür sind u.a. Skalierungsfragen, dissoziierte Fragen, zirkuläre Fragen, narrative Fragen, Vergleichsfragen, Fragen nach bisherigen Lösungsversuchen, Prozessfragen oder Zauberfragen. Generell ist zu berücksichtigen, dass im Rahmen von Interviews über das Erfragen von Einstellungen Informationen über die tatsächliche soziale Realität und Verhaltensweisen ermittelt werden. Zentrale Einstellungen können i.d.R. nur über indirektes Fragen identifiziert werden (vgl. Atteslander 2008, S. 142).

Bezüglich der acht Interventionen[40] nach Berne (vgl. Berne 1966, S.233 ff.; Schlegel 1995, S. 288 ff.) sind im Rahmen des

---

[39] Verzerrungen in Erinnerungen und Beurteilungen der Befragungsperson werden durch Suggestivfragen begünstigt und sind daher unbedingt zu vermeiden. Im Rahmen von Diagnostik und Sozialforschung wird bei Verzerrungen auch von „Bias" (kognitive Verzerrung) gesprochen. Dies kann auch durch ein ungünstiges Interviewsetting geschehen.

[40] Interventionen nach Berne: (1) Befragung (2) Hervorhebung (3) Konfrontation (4) Erklärung (5) Illustration (6) Bestätigung und später noch hinzugekommen: (7) Deutung (8) Kristallisation. Nach Berne bauen diese Interventionsformen aufeinander auf und sind als Prozessbegleitung zu verstehen.

Interviewsettings die Befragung[41] und Hervorhebung[42] von größter Relevanz. Bei strukturierenden oder paraphrasierenden Interventionen ist es entscheidend, dass diese nicht zu Einengungen führen. Des Weiteren ist die Konfrontation bedeutsam im Fall von wahrgenommenen Widersprüchen.[43] Nach unseren Erfahrung ist hierzu kein gezielter Vertrag erforderlich, solange das Gespräch aus einer respektvollen Grundhaltung (s.o.: +/+ und Credit-Konto) heraus geführt wird. Überdies kann, bei einer Konfrontation und einer Nicht-Auflösung eines Widerspruchs, persistentes Nachhalten vermieden werden. Erklärungen[44] und Illustrationen[45] als Intervention sind nur relevant, sofern es bei einem wichtigen Sachverhalt hilfreich ist, über Modelle und Erfahrungen zu reflektieren, um damit einen weiteren Erkenntnisgewinn zu erzielen. Dies möchte ich anhand von zwei Beispielen aus den Interviews verdeutlichen:

---

[41] Die Befragung selbst gilt hier bereits als Interventionsform.

[42] Hervorhebungen (oder auch Spezifikationen) fokussieren einen genannten Sachverhalt und dienen dazu, klarere und präzisere Informationen zu einem Sachverhalt zu erlangen.

[43] Konfrontationen gehören prinzipiell zu „harten Interviews", wie sie bspw. im Verhör oder der Eignungsdiagnostik verwendet werden. Hierbei werden Widersprüche und Inkonsistenzen in den Erzählungen aufgegriffen. An dieser Stelle ist es daher besonders wichtig im Vorfeld, unter Einbezug der eigenen Haltung, eine vertrauensvolle Atmosphäre zu erhalten und Aspekte weicher Interviews zu berücksichtigen. Gleichzeitig gilt diese Intervention als besonders effektiv im Hinblick auf die Bewusstwerdung von Erleben und Verhalten und damit einhergehenden Verhaltensentwicklungen (vgl. Orlinsky et al. 1994).

[44] Erklärungen bzw. Erläuterungen dienen der Stärkung des Erwachsenen-Ichs und helfen bei der Einordnung und Klarstellung von Erleben und Verhalten in bestimmten Situationen.

[45] Illustrationen bzw. Veranschaulichungen haben die Enttrübung der einzelnen Ich-Zustände zum Ziel. Diese sind i.d.R. nicht mit Metaphern o. ä. zu verwechseln, die bereits mögliche Lösungsvorschläge enthalten, da der/die Klient_In diese für sich selbst ausfindig machen sollte.

Seq.	BE/IP	Transaktionen	Erläuterung
1	BE	Mit welchen Attributen würden Sie denn die Kultur in Ihrer Organisation beschreiben?	Befragung: offene Frage Kulturmerkmalen
2	IP	Na ja, wir gehen zum Beispiel schon so ganz freundlich miteinander um, ne?	Es wird ein Attribut "fr lich" genannt, was für m seiner Ausprägung unkla
3	BE	Was bedeutet denn das für Sie, freundlich miteinander umzugehen? Was gibt es da für Beispiele?	Spezifikation: was ist kc gemeint?
4	IP	Na ja, höflich, mit guten Umgangsformen. Jemand ausreden lassen, nicht laut werden im Gespräch... keine Kraftausdrücke verwenden. Wir begegnen uns schon auch wertschätzend.	Es tritt zunächst eine Kl für mich ein, dass "freur primär "höflich" meint. In men eines vorherigen sprächsteils bin ich aber den Begriff Wertschätzur tiert.
5	BE	Als wir vorhin über Ihre konkrete Situation gesprochen haben, haben Sie mir berichtet, dass sie häufig keine Antworten auf Ihre Anfragen bekommen. Sie haben auch erzählt, dass Sie Kritik meist hinten rum erfahren, statt dass mit Ihnen direkt gesprochen wird. Wie passt das für Sie zum Begriff "Wertschätzung"?	Konfrontation: Diskrepar Begriffes "Wertschätzun vorherigen Beispielen.
6	IP	Hmm... stimmt schon. Wir sind hier nicht wirklich wertschätzend. Wir achten auch nicht wirklich darauf, was der Andere will. Ist wohl doch eher so etwas mit Höflichkeit... Manchmal wirkt die auch aufgesetzt.	Höflichkeit wird bestäti wird deutlich, dass der B Wertschätzung im autl schen Sinne wenig stattf

Abbildung 3: Transkript / Interview-Sequenz I

214

Seq.	BE/IP	Transaktionen	Erläuterung
1	BE	Und wie erleben Sie, wie Sie geführt werden?	Befragung: offene Frage nach Führung
2	IP	Habe ich ja vorhin schon gesagt, das läuft ganz prima, finde ich... ähm... Wenn ich Entscheidungen brauche, bekomme ich die schnell. Das ist echt wichtig für mich, das war früher langsamer.	Eine Facette von Führung wird erläutert. Im Rahmen eines vorherigen Gesprächsteils habe ich eine Wahrnehmung in Erinnerung, die im Widerspruch zu der positiven Konnotation steht.
3	BE	Aha, das verstehe ich. Ich erinnere mich gleichzeitig, dass Sie vorhin berichtet haben über den Entscheidungsprozess bei einem Kollegen. Da, wo Sie sagten, Sie hätten eingebunden werden müssen und das ist nicht passiert...	Konfrontation mit der vorigen Wahrnehmung zum gleichen Sachverhalt.
4	IP	Ja, ja, richtig. (Pause). Stimmt, das fand ich echt blöd.	Bewusstheit ist entstanden, dass das nicht zusammenpasst.
5	BE	Ihnen ging es ja auch um die Geschwindigkeit von Entscheidungen. Es könnte im Hinblick auf Effektivität und damit auch Geschwindigkeit später in der Umsetzung hilfreich sein, wenn die Personen direkt eingebunden sind, statt dass Irritationen im Nachgang entstehen und in einigen Fällen dann ja auch Entscheidungen wieder kassiert werden mussten	Erklärung: Anbieten einer anderen Sichtweise.
6	IP	Na ja, stimmt schon. Herr G. ist halt immer sehr schnell und das finde ich auch gut, aber wir	Bewusstheit ist entstanden, was Effektivität in

Seq.	BE/IP	Transaktionen	Erläuterung
		überholen uns damit schon manchmal rechts. Wär besser, er wär auch mal klar, wen er noch so braucht.	Entscheidungsprozessen mit dem Führungsverhalten zu tun hat.

Abbildung 4: Transkript / Interview-Sequenz II

Unsere Erfahrung aus bisherigen Interviewsettings ist, dass trotz anfänglicher Skepsis eine offene und vertrauensvolle Atmosphäre entsteht, sofern die oben genannten Aspekte in der eigenen Haltung Berücksichtigung finden. In unserer Wahrnehmung werden kaum wesentliche Informationen zurückgehalten und die bereitgestellten Informationen sind weitgehend authentisch im Hinblick auf die subjektive Lebenswelt. Von den meisten Teilnehmenden erhalten wir am Ende des Gesprächs unaufgefordert positive Rückmeldungen für die Durchführungsweise des Interviews.

6. Weitere Verwendung der Interviewergebnisse

Im Umgang mit Interviewergebnissen hat sich folgende Vorgehensweise etabliert.

- Die Beratungsperson schreibt zunächst die mitgeschriebenen Aussagen unsortiert in ein Worddokument. Die Ergebnisse werden dann zwischen den Interviewern ausgetauscht und in Summe einem weiteren Mitarbeitenden gegeben, die keinen Bezug zum Klientensystem hat.

- Jeder Beratungsperson konzeptionalisiert modellhaft (hier legen wir bewusst keine vordefinierten Modelle fest) für sich die wesentlichen Erkenntnisse.
- Diese werden dann in einem gemeinsamen Termin ausgetauscht und es findet ein dialogischer Austausch statt über die Erkenntnisse, die wesentlichen Hypothesen und mögliche Interventionsstränge, die sich daraus ergeben.

Wir stellen immer wieder fest, dass sich aus den Interviews wichtige Erkenntnisse ergeben zu den Ausgangsinformationen, die wir im Rahmen der Auftragsklärung von der Führung erhalten haben. Manche werden bestätigt, manche Aspekte kommen neu hinzu, bei wieder anderen ergibt sich eine deutliche Veränderung in der Bedeutung für den weiteren Prozess.

Beispielhaft sei eine Organisation genannt, in der wir 40 Interviews geführt haben und 38 der Teilnehmenden unaufgefordert über den von der Geschäftsführung neu eingeführten Obstkorb berichtet haben („Alibi", „Pampern", „über andere Dinge hinwegtäuschen", „wertschätzend", „zu wenig Kernobst im Obstkorb", „wie kann man sich nur über zu wenig Kernobst aufregen"). Mit all den unterschiedlichen Facetten wurde deutlich, dass hier ein Stellvertreter benutzt wurde, um vielfältigste Aspekte von Beachtung und Wertschätzung zu thematisieren.

Wir erstellen dann eine Darstellung, die neben Beauftragung und Ausgangssituation die Atmosphäre in den Interviews, unsere Beobachtungen, die Konzeptionalisierung sowie Ableitung von Hypothesen beinhaltet. Wir verwenden zur Illustration gerne Auszüge aus Originalzitaten, allerdings im Bewusstsein der Vertraulichkeit. Diese Darstellung teilen wir mit dem

Auftraggebenden und bitten zunächst darum, selber die Existenz- und Bedeutungsebene („Was für Herausforderungen existieren und wo? Was genau bedeuten diese?"; vgl. Schiff 1975, p. 14 ff.) zu reflektieren und dann gemeinsam darüber in den Austausch zu kommen. Erst im Anschluss besprechen wir gemeinsam, welche Impulse sich daraus im Sinne von Lösung für den weiteren Prozess ergeben.

Im oben genannten Beispiel haben wir unkommentiert den Obstkorb exemplarisch auf den Tisch gestellt und zunächst die Geschäftsführung gefragt, was sie damit verbindet. Interessanterweise ergaben sich viele Parallelen zu den Inhalten unserer Darstellung. Die Auseinandersetzung mit den Interviewergebnissen hat im Übrigen dazu geführt, dass die gerade vor sechs Monaten erarbeiten Werte in einem neuen Prozessschritt überarbeitet wurden. Dies geschah im Hinblick auf Aspekte von Beachtung/Wertschätzung einerseits und Eigeninitiative andererseits.

Die eingangs erwähnte Offenheit und der Bedarf an möglichst unverzerrten Informationen kommt an dieser Stelle besonders zum Tragen: werden im Vorfeld die Umstände klar und unverfälscht besprochen, so können auch darauf aufbauende Interventionen effektiv gestaltet werden und einen Veränderungsprozess erfolgreich fördern (vgl. Anderl & Reineck 2016, S. 208). Gleichzeitig ist durch die geschaffene konstruktive Beziehung die Motivation für die aktive, adäquate Beteiligung bspw. an Workshops und dem Veränderungsprozess generell erhöht. Aus unserer Erfahrung ist es hilfreich, die Ergebnisse anhand von wenigen zutreffenden Modellen vorzustellen oder die Betrachtungsebenen (Existenzebene, Bedeutungsebene, Veränderungsebene; vgl. Schiff 1975 p. 15; Schlegel 1995, S. 116 ff.) zu strukturieren und ggf. die relevanten Modelle dazu kurz zu erläutern. Dies bringt zusätzliche Energie für die Reflexionsarbeit der Teilnehmenden hervor. Die Teilnehmenden können sich oder andere, je treffender die Modelle sind, besser darin verorten und ein entsprechendes Bewusstsein für die vorhandenen Dynamiken schaffen. Der erleichterte Zugang zu Regelkreisen ermöglicht überdies die autonome Ermittlung von Ressourcen und die eigenständige Entfaltung von möglichen Lösungs- und Entwicklungsansätzen sowie eine nachhaltige Sensibilisierung für bestimmte Dynamiken und eigenverantwortliche Umsetzung der gelernten Aspekte.

7. Zusammenfassung

Der vorliegende Artikel sucht nach, in der Literatur bisher kaum vorhandenen, Verbindungen zwischen der empirischen Ausrichtung von sozialwissenschaftlichen Interviews und psychologisch-beraterischen Erstgesprächen und ihrem beziehungsorientierten, relationalen Nutzen für organisationale Entwicklungs- und Veränderungsprozesse. Interviewsituationen als Beratungsinstrument haben zweierlei Beziehungsaspekte inne: zum einen eine Bestandsaufnahme hinsichtlich der Beziehungen innerhalb der Organisation und zum anderen dem Herstellen einer positiven Beziehung zwischen Beratungsperson und interviewter Person.

Bei der Einordnung des Interviews für den Beratungsprozess in die empirische Sozialforschung zeigte sich das halbstandardisierte Konstruktinterview (König & Volmer) als besonders sinnvoll, da dies die Befragungspersonen als Experten ihrer Arbeitsbereiche wahrnimmt und im Anschluss eine ideale Konsolidierung mit weiteren Perspektiven zulässt.

Auf der psychologischen Seite des Interviews lassen sich dann die beziehungsorientierten Aspekte verorten, an denen das Interview an sich bereits zu einem Interventionsinstrument wird. Drei Gesichtspunkte sind bei dem Nutzen des Interviews im Vorfeld zu berücksichtigen und in die eigenen Einstellungen und Haltungen zu integrieren: (1) Die Befragungsperson wird durch das Interview bereits in den Prozess *eingebunden* und damit zu einem Teil dessen. (2) Das Interview, welches als Gespräch durchgeführt wird, dient dem *Vertrauensaufbau* zwischen Befragungsperson und Beratungsperson sowie Befragungsperson und dem Veränderungsprozess. Dabei sollte die Beratungsperson hier besonders auf die Aspekte Erlaubnis und Offenheit, Vertraulichkeit und den Hinweis auf eine spätere Rückmeldung zum Prozess und der Verwendung der erhobenen Informationen achten. Als dritten Punkt wird auf (3) die *Wertschätzung* und die Haltung der Beratungsperson verwiesen, wobei in Bezug auf die Rolle der Beratungsperson Bernes Modell 3P eine relevante Dimension der Vertrauensbildung darstellt. Hierbei ist eine tatsächliche verankerte Haltung und nicht nur das Wissen darüber von hoher Relevanz, um sich signalkongruent verhalten zu können.

Beim Vorgehen im Rahmen des Interviews liegt der Fokus auf einer dialogischen Gesprächsführung, welches durch eine halbstandardisierte Interviewführung gewährleistet werden kann und ein höheres Maß an Symmetrie ermöglicht. Interviews stellen dabei keinen starren Methodeneinsatz, sondern „[...] gegenstandspezifische, prozesshafte, aber methodisch kontrollierte Interaktionen [...]" (Mayring 1995, S. 35) dar. Die für die Beziehungsgestaltung relevanten Aspekte in der Durchführungssituation legen ihren Grundstein ebenfalls auf den Abbau von Fremdheit und den Aufbau von Vertrauen und im Rahmen dessen auf dem Eingehen auf die Grundbedürfnisse der interviewten Person (Struktur und Zuwendung). Das Interview wird mit einem offenen Erzählstimulus gestartet und im Verlauf wird immer wieder auf den vorgefertigten Leitfaden und die Interventionen nach Berne zurückgegriffen. In diesem Zusammenhang sind vor allem die Haltung und die geschaffene Vertrauensbasis wichtig, um entsprechende Interventionen sicher anwenden zu können. Anschließend wird erneut besonderer Wert auf Dankbarkeit seitens der interviewenden Person und die Verlässlichkeit in Bezug auf Vertraulichkeit und die Relevanz der erhobenen Daten gelegt.

Die Interviews werden im Anschluss ausgewertet, konsolidiert und mit Modellen illustriert und finden sowohl für die Interventionsplanung als auch in weiteren Interventionen Raum zur Thematisierung und nutzbringenden Verwendung.

Wenngleich die hier dargestellten Aspekte vielleicht einen rezepthaften Eindruck erwecken und letztlich auch wesentlich für die Interviewsituation sind, so ineffektiv sind diese ohne den persönlichen Haltungsaspekt. Eine methodische Fundierung ist ebenso unabdingbar wie die individuelle Umsetzung. Zum einen dient die Haltung der sinnvollen Anwendung der vorgeschlagenen Aspekte. Zum anderen hat die Interview- und Beratungssituation trotz Leitfaden eine Unvorhersagbarkeit inne, der mit einer entsprechenden Haltung entgegnet werden kann. Überdies kann einer positiven, konstruktiven Beziehung sowie vertrauensvollen Atmosphäre und der Gewinnung umfassender, möglichst unverfälschter Informationen sowie dem Wecken von Motivation zur Beteiligung an dem organisationalen Veränderungsprozess der Weg geebnet werden. Die Beratungsperson bleibt in diesem Zusammenhang kein objektiver Beobachter, sondern tritt mit den Beteiligten in Kontakt und wird inklusive Person und Haltung zu einem Teil des Prozesses. Hargens beschreibt das ineinandergreifen von Handlungen und Haltungen folgendermaßen:
„Jede Theorie, jede Handlungsweise bleibt immer zugeschnitten auf die Person, die diese Handlung oder Theorie mit Leben füllt – sie bleibt immer persönlich oder, etwas

abstrakter, subjektiv. Anders formuliert: Ich verstehe das, was ich tue, nicht (nur) als ein Anwenden von Techniken, sondern als Umsetzen und Realisieren von Haltungen. Und Haltungen umfassen sowohl die ganze Person als auch den Kontext." (Hargens 2006, S. 101).

Insgesamt lässt sich konstatieren, dass Interviews im Rahmen von organisationalen Veränderungsprozessen einen starken Einfluss auf den weiteren Verlauf haben können (vgl. Thiele 2019, S. 50 ff.). Die sorgfältige, professionelle Vorbereitung ist entsprechend relevant für eine Bestandsaufnahme. Gleichzeitig findet in diesem Zusammenhang die Beziehungsgestaltung als Schmierstoff für den Prozess häufig zu wenig Berücksichtigung. Die aufrichtige und wertfreie Hinwendung zu den Befragungspersonen ist aber ebenso von hoher Relevanz. Die ebenmäßige Berücksichtigung von Methoden der qualitativen Forschung einerseits sowie den Aspekten von Beziehungsgestaltung können in Kombination den weiteren Beratungsprozess ideal befördern.

Literatur

Anderl, Mirja / Reineck, Uwe (2016): Handbuch Prozessberatung. Für Berater, Coaches, Prozessbegleiter und Führungskräfte, 2. Aufl. (2016), Weinheim, Basel: Beltz

Atteslander, Peter (2008): Methoden der empirischen Sozialforschung, 12. Aufl. (2008), Berlin: Erich Schmidt

Berne, Eric (1966): Principles of Group Treatment, New York: Oxford University Press

Berne, Eric (1998): Was sagen Sie, nachdem Sie "Guten Tag" gesagt haben? Psychologie menschlichen Verhaltens, 14 Aufl. (1998), Frankfurt a.M.: Fischer

Deppermann, Arnulf (2008): Gespräche analysieren. Eine Einführung, 4. Aufl. (2008), Wiesbaden: VS Verlag für Sozialwissenschaften

Galuske, Michael (1999): Methoden der Sozialen Arbeit. Eine Einführung, 2. Aufl. (2008), Weinheim und München: Juventa

Duden Herkunftswörterbuch (2007): Das Herkunftswörterbuch. Etymologie der deutschen Sprache. Die Geschichte der deutschen Wörter bis zur Gegenwart. 20000 Wörter und Redewendungen in ca. 8000 Artikeln, 4 Aufl. (2007), Mannheim: Dudenverlag

Gläser, Jochen / Laudel, Grit (2010): Experteninterviews und qualitative Inhaltsanalyse, 4. Aufl. (2010), Wiesbaden: VS Verlag für Sozialwissenschaften

Graumann, Carl Friedrich (1990): Perspectival Structure and Dynamics in Dialogues, in: Marková, Ivana / Foppa, Klaus (ed.) (1990): The dynamics of dialogue, New York: Harvester Wheatsheaf, pp. 105-126

Hargens, Jürgen (2006): Aller Anfang ist ein Anfang. Gestaltungmöglichkeiten hilfreicher systemischer Gespräche, Göttingen: Hubert

Kähler, Harro Dietrich (1991): Erstgespräche in der sozialen Einzelhilfe, Freiburg: Lambertus

König, Eckard / Volmer, Gerda (2008): Handbuch Systemische Organisationsberatung, 2. Aufl. (2012), Weinheim und Basel: Beltz

König, Eckard /Volmer, Gerda (2012): Handbuch Systemisches Coaching. Für Coaches und Führungskräfte, Berater und Trainer, 2. Aufl. (2012), Weinheim und Basel: Beltz

Köster, Heinz / Kruse, Claudia (2012): Systemkompetentes Handeln in Unternehmen: Entwicklung eines Konzeptes zur Förderung der Systemkompetenz von Führungskräften, Bochum: Universitätsverlag Brockmeyer

Kuhnert, Jan / Teuber, Stephan (2008): Praxishandbuch Change Management. Einsatzfelder, Grenzen und Chancen, München: Franz Vahlen

Lamnek, Siegfried (2005): Qualitative Sozialforschung, Lehrbuch, 4. Aufl. (2005), Weinheim und Basel: Beltz

Mayring, Philipp (1995): Psychologie, in: Flick, Uwe / v. Kardoff, Ernst / Keupp, Heiner / v. Rosenstiel, Lutz / Wolff, Stephan (Hrsg.) (1995): Handbuch Qualitative Sozialforschung. Grundlagen, Konzepte, Methoden und Anwendungen, 3. Aufl. (1995), Weinheim: Psychologie Verlags Union. S. 33-35

Meuser, Michael / Nagel, Ulrike (2002): ExpertInneninterviews – vielfach erprobt, wenig bedacht. Ein Beitrag zur qualitativen Methodendiskussion. In: Bogner, Alexander / Littig, Beate / Menz, Wolfgang (2002): Das Experteninterview. Theorie, Methode, Anwendung, Wiesbaden: Springer

Müller, Peter / Wetzig-Würth, Herta (2008): Psychotherapeutische Gespräche führen. Wege zu psychodynamisch wirksamen Dialogen, 4. Aufl. (2008), Bern: Hans Huber

Orlinsky, David / Grawe, Klaus / Parks, Barbara K. (1994): Process and Outcome in Psychotherapy – Noch einmal. In: Bergin, Allen E. / Garfield, Sol L. (ed.) Handbook of psychotherapy and behavior change, New York: Wiley. Pp. 270-376

Risto, Karl-Heinz (2003): Konflikte lösen mit System. Mediation mit Methoden der Transaktionsanalyse. Ein Arbeitsbuch, Paderborn: Junfermann

Roethlisberger, Fritz J. / Dickson, William J. / Wright Harold A. (1946): Management and the worker. An account of a research program conducted by Western Electric Company. Hawthorne Works. Chicago, Cambridge Mass.: Harvard University Press

Rogers, Carl R. (2014): Entwicklung der Persönlichkeit. Psychotherapie aus Sicht eines Therapeuten. 19. Aufl. (2014), Stuttgart: Klett-Cotta

Rosenthal, Robert (1966): Experimenter effects in behavioral research, New York: Appleton-Century-Crofts

Sachse, Rainer / Sachse Meike (2009): Klärungsorientierte Psychotherapie: Empirische Ergebnisse und Schlussfolgerungen für die Praxis, in: Sachse, Rainer / Fasbender, Jana / Breil, Janine / Püschel, Oliver (2009) (Hrsg.): Perspektiven Klärungsorientierter Psychotherapie. Göttingen: Hogrefe, S. 232-252

Sachse, Rainer (2016): Therapeutische Beziehungsgestaltung, 2. Aufl. (2016), Göttingen: Hogrefe

Tausch, Reinhard / Tausch, Anne-Marie (1990): Gesprächspsychotherapie: hilfreiche Gruppen- und Einzelgespräche in Psychotherapie und alltäglichem Leben, Göttingen: Hogrefe

Thiersch, Hans (1992): Lebensweltorientierte Soziale Arbeit. Aufgaben der Praxis im sozialen Wandel, Weinheim/ München: Juventa

Schiff, Jacqui Lee (1975): Cathexis Reader, New York: Cathexis Institute

Schlegel, Leonhard (1995): Transaktionsanalyse, 4. Aufl. (1995), Tübingen und Basel: Francke

Schütz, Alfred (1971): Gesammelte Aufsätze. Das Problem der sozialen Wirklichkeit, Den Haag: Martinus Nijhoff

Schütz, Alfred (1981): Der sinnhafte Aufbau der sozialen Welt, Frankfurt a.M.: Suhrkamp

Schütz, Alfred / Luckmann, Thomas (1984): Strukturen der Lebenswelt. Bd. 2., Frankfurt a.M.: Suhrkamp

Staemmler, Frank – M. (2015): Das dialogische Selbst. Postmodernes Menschenbild und psychotherapeutische Praxis, Stuttgart: Schattauer

Thiele, Martin (2019): Organisationsentwicklung unter Anwendung von Transaktionsanalyse. Eine Fallstudie, Hamburg: Books on Demand von Thun, Friedemann Schulz (1996): Praxisberatung in Gruppen. Erlebnis-aktivierende Methoden mit 20 Fallbeispielen zum Selbsttraining für Trainerinnen und Trainer, Supervisoren und Coachs, Weinheim und Basel: Beltz

Wittkowski, Joachim (1994): Das Interview in der Psychologie, Opladen: Westdeutscher Verlag

Entwicklungsarbeit mit
Organisationen

08

Die Autoren und Autorin

Die Autoren und die Autorin

Martin Thiele

Wirtschaftsingenieur, Organisationsentwickler & Coach, Lehrender und Supervidierender Transaktionsanalytiker unter Supervision im Anwendungsfeld Organisation (PTSTA-O), Mitglied der deutschen und europäischen Gesellschaft für Transaktionsanalyse (DGTA, EATA), Autor, Herausgeber von In Relations Publications für Persönlichkeits-, Team- und Organisationsentwicklung, Co-Founder und Geschäftsführender Gesellschafter von In Stability, der beziehungsorientierten Entwicklungsberatung und Akademie in Hannover, Co-Founder und Geschäftsführender Gesellschafter von GASTFREUNDSCHAFFT, dem Erfahrungsraum für Neue Arbeit in Hannover, langjährige internationale Beratungs- und Führungserfahrung sowie breite Branchenkenntnis im Profit- und Non-Profitbereich.

- martin.thiele@in-stability.de
- www.in-stability.de

Dr. Michael Korpiun

Wirtschaftswissenschaftler, Organisationsentwickler & Coach, Lehrender und Supervidierender Transaktionsanalytiker im Anwendungsfeld Organisation (TSTA-O), Mitglied der deutschen, europäischen sowie internationalen Gesellschaft für Transaktionsanalyse (DGTA, EATA, ITAA), Autor, Herausgeber von In Relations Publications für Persönlichkeits-, Team- und Organisationsentwicklung, Co-Founder und Geschäftsführender Gesellschafter von In Stability, der beziehungsorientierten Entwicklungsberatung und Akademie in Hannover, Co-Founder und Geschäftsführender Gesellschafter von GASTFREUNDSCHAFFT, dem Erfahrungsraum für Neue Arbeit in Hannover, Wissenschaftlicher Beirat der Norddeutschen Akademie für Marketing & Kommunikation e.V., langjährige internationale Führungserfahrung u.a. als Senior Executive im Bereich Automotive.

- michael.korpiun@in-stability.de
- www.in-stability.de

Cornelia Jenke

Erziehungswissenschaftlerin, (M.A.) mit den Schwerpunkten auf qualitativer Forschung, Poststrukturalismus, Gender Studies und Diversity Education. Praktische Erfahrungen in verschiedenen Bereichen der Kinder- und Jugendhilfe. Research Assistant und Wissensmanagerin bei In Stability.

- cornelia.jenke@in-stability.de
- www.in-stability.de